浙江省哲学社会科学规划重点课题（18NDJC036Z）

Cost Calculation and Sharing
Mechanism of Zhejiang New Generation
Migrant Workers' Citizenization

# 新生代农民工市民化
# 成本测算与分担机制构建研究

## ——以浙江省为样本

许 光 / 著

ZHEJIANG UNIVERSITY PRESS
浙江大学出版社

**图书在版编目（CIP）数据**

新生代农民工市民化成本测算与分担机制构建研究：
以浙江省为样本 / 许光著. --杭州：浙江大学出版社,2018.12

ISBN 978-7-308-18805-0

Ⅰ.①新… Ⅱ.①许… Ⅲ.①民工—城市化—社会成
本—研究—浙江 Ⅳ.①D422.55

中国版本图书馆 CIP 数据核字（2018）第 283330 号

## 新生代农民工市民化成本测算与分担机制构建研究
——以浙江省为样本

许 光 著

| | | |
|---|---|---|
| **策划编辑** | 吴伟伟 weiweiwu@zju.edu.cn | |
| **责任编辑** | 丁沛岚 | |
| **责任校对** | 陈 翩 | |
| **封面设计** | 春天书装工作室 | |
| **出版发行** | 浙江大学出版社 | |
| | （杭州市天目山路 148 号　邮政编码 310007） | |
| | （网址：http://www.zjupress.com） | |
| **排　版** | 杭州中大图文设计有限公司 | |
| **印　刷** | 浙江新华数码印务有限公司 | |
| **开　本** | 710mm×1000mm　1/16 | |
| **印　张** | 14 | |
| **字　数** | 207 千 | |
| **版 印 次** | 2018 年 12 月第 1 版　2018 年 12 月第 1 次印刷 | |
| **书　号** | ISBN 978-7-308-18805-0 | |
| **定　价** | 42.00 元 | |

# 前　言

　　新生代农民工市民化对提高我国城镇化发展质量、加快推进以人为核心的新型城镇化建设、全面贯彻落实共享发展理念等具有重要意义。党的十八届三中全会将"稳步推进农业转移人口市民化,实现城镇基本公共服务常住人口全覆盖"作为"十三五"时期的一项战略性任务;党的十九大报告再次强调要"加快农业转移人口市民化"。从市民化成本的角度对该问题进行研究不仅符合政策预期,而且有助于破解长期存在的农民工"半城市化"困境,对新形势下加快推进基本公共服务均等化、保障和改善民生等具有重要的理论和实践意义。

　　当前,国内有关新生代农民工市民化成本问题的研究,主要集中在概念界定、指标选择和政策探讨等方面。虽然达成了部分共识,但也存在明显的意见分歧。客观来看,现有研究大多基于整体视角对农民工市民化成本进行均衡测算,既忽视了新生代农民工的代际特征和需求异质性,也没有关注农民工个体在市民化成本分担中的行为理性和主观能动性,因而研究结果侧重以外部"赋权"为主的政府主导模式,强调通过机制改革消除农民工市民化的政策障碍。

　　从实践探索的角度来看,对新生代农民工市民化成本问题的研究也具有独特价值。近年来,国内各地普遍加大了政策调适力度并强化了基础设施建设和功能性建设投资,但却未能从根本上改变流动人口机械增长与城

市融入效度偏低的"两难困境"。究其原因,主要在于缺乏对农民工市民化成本的准确测算,不利于各级政府综合估计财政支出压力,因而对推进基本公共服务均等化存有顾虑。同时,地方政府存在明显的本位主义思想,农民工流入地政府和流出地政府之间的利益博弈现象突出,成本分担因缺乏有效的激励机制和监督机制而难以深入推进。在此背景下,中央政府的政策导向与地方政府的财政压力形成冲突,基层政府普遍存在"成本恐高症",导致新生代农民工市民化进程相对迟缓。

鉴于此,本书尝试以东部沿海地区的流动人口大省浙江省为研究样本,在对新生代农民工市民化成本进行概念界定和科学测算的基础上,结合浙江省情和区域发展实际,提出构建"多元协同"的市民化成本分担机制的可行思路,进而提出相应的政策创新组合以推进农民工市民化成本的有效分担,以期为减轻流入地政府的财政支出压力、平衡各参与主体的利益、推进新生代农民工市民化进程等提供有效的理论支撑和决策依据。

具体来看,本书的研究框架和主要内容安排如下。

第一章为导论,主要介绍本书的选题背景与研究意义、国内外研究现状述评、基本思路与研究方法、预期创新点与局限性等。

第二章为研究的理论基础。本书在马克思、恩格斯农民非农化理论的基础上,尝试结合传统主流的二元经济结构理论,创新性地引入成本—收益理论和福利多元主义,构建了新生代农民工市民化研究的"四维度"分析框架,以实现研究范式从新古典主义向成本—收益分析框架的转变。

第三章是新生代农民工的群体特征及市民化现状。本书在阐述新生代农民工市民化价值意蕴的基础上,以浙江省为研究样本,系统论述了新生代农民工的群体特征、类型分化、需求异质性;进而基于"四维度"分析框架,从经济收入、政治参与、社会交往和心理认同四个层面论述了当前浙江省新生代农民工的市民化现状。

第四章为新生代农民工市民化指标体系构建与实证测算。为增强研究结果的科学性和准确性,本书首先通过对国内现有研究成果的梳理,从广义和狭义两个层面明确了新生代农民工市民化成本的概念内涵,并界定了本书的研究范畴。然后在构建新生代农民工市民化成本指标体系的基础上,对浙江省新生代农民工市民化的个人成本和公共成本分别进行了独立测算,进而对市民化成本总体规模和结构特征进行了说明。

第五章为新生代农民工市民化成本分担的区域经验借鉴。在阐述当前农民工市民化成本分担现实困境的基础上,本书选取了我国东部沿海地区具有代表性的上海、广东和山东为例,通过阐述三者在健全分担机制、优化落户制度、完善保障措施等方面的创新性举措,总结和提炼了具有普适性和可推广价值的经验举措,以期为浙江乃至全国其他地区提供有益的参考和借鉴。

第六章为加快新生代农民工市民化成本分担的机制设计和政策建议。根据《国家新型城镇化规划(2014—2020年)》的要求,本书进一步明确了构建"四位一体"市民化成本分担机制的思路,以及各主体的职能范围和具体责任,以实现有关利益各方的"多元协同"。进而,尝试提出加快农村土地制度、财政转移支付制度、公共服务供给制度、劳动就业提升制度和住房供应保障制度六个层面的政策创新组合,逐步消解农民工市民化成本分担中的政策推行阻力,从而为协同推进新生代农民工市民化进程提供有效的政策支撑。

在研究中,本书力求在以下三个方面有所创新和突破。

第一,在研究视角上,致力于实现从新古典主义向成本—收益分析框架的转变。理论界现有研究多基于新古典主义分析框架,将新生代农民工视为结构性约束下的受动客体,研究视角相对被动和封闭。本书尝试在传统主流分析范式的基础上,创新性地引入成本—收益理论和福利多元主义,以推进研究范式由"制度改革论"向"成本分担论"转变。

第二,在研究方法上,本书以浙江省为样本进行了实证测算。由于我国区域差异明显,各地新生代农民工的规模、市民化诉求和政府财政能力等各不相同,因此市民化成本分担的压力迥异。理论界目前直接涉及新生代农民工的研究成果数量较少,本书以东部沿海地区的流动人口大省浙江为研究样本,通过对浙江省新生代农民工市民化个人成本和公共成本的独立测算,丰富了农民工市民化成本研究的理论情境,从而有助于在更加宏观的层面把握成本分担的推进路径,并为此提供有益的理论支撑。

第三,在研究内容上,提出市民化成本分担路径应由"外生推动"向"内生主导"转变。理论界现有研究较多强调通过外部"赋权"的方式,消除新生代农民工与市民在基本公共服务方面的差距,侧重实施"外生推动型"的市民化策略。鉴于短期内需要一次性支付的农民工市民化成本总量较大,本书认为应当在坚持机制优化和政策创新的基础上,努力提高新生代农民工的城市经济适应能力,培育其分担市民化成本的"自致路径"。简言之,本书倡导"内生主导、外生推动"的新型市民化策略,以"多赢"为目标实现各参与主体的利益均衡。

总体来看,新生代农民工市民化成本分担是一项艰巨而复杂的任务,涉及主体众多,利益诉求多样。在决胜全面建成小康社会的新阶段,随着我国新型城镇化建设的不断加快,新生代农民工市民化将面临更多的问题和挑战。本书以共享发展理念为引领,尝试结合新生代农民工的市民化诉求与流入地政府的财政负担能力,就加快推进市民化成本分担提出了一系列创新性构想。但是,由于理论界目前尚缺乏一个具有普适性的成本评价指标体系,而且本书在实证调研和研究方法等方面也存在一些不足,因此部分研究方法和研究结论仍有待进一步探讨和深化。对于本书写作中存在的不足之处,笔者保持虚心学习的态度,恳请学术界前辈和同人批评指正。

# 目  录

# 第一章 导 论

## 第一节 选题背景与研究意义

### 一、选题背景

新生代农民工是农业转移人口中市民化意愿最强,且最具优先市民化条件的流动人口群体。加快新生代农民工市民化进程是贯彻落实共享发展理念的内在要求,对提高我国城镇化发展质量、推进以人为核心的新型城镇化建设等具有重要意义。早在 2013 年 11 月,党的十八届三中全会就将"稳步推进农业转移人口市民化,实现城镇基本公共服务常住人口全覆盖"[①]作为"十三五"时期的一项战略性任务。此后,《国家新型城镇化规划(2014—2020 年)》明确提出"建立健全农业转移人口市民化推进机制",并强调要"建立健全由政府、企业、个人共同参与的农业转移人口市民化成本分担机制,

---

① 中共中央关于全面深化改革若干重大问题的决定[EB/OL]. (2013-11-15) [2018-05-13]. http://www.chinanews.com/gn/z/ThirdPlenarySession/jd. shtml.

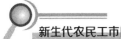
根据农业转移人口市民化成本分类,明确成本承担主体和支出责任"。①2017 年 11 月,党的十九大报告再次提出"加快农业转移人口市民化"的战略目标,强调要"提高保障和改善民生水平,推动新型城镇化与农业现代化同步发展"。② 显然,从成本视角研究新生代农民工市民化问题不仅符合政策预期,而且有助于破解长期存在的农民工"半城市化"融入困境,因而具有重要的理论价值和现实意义。

从国内现有研究来看,学者们较多关注农民工市民化成本的概念界定、指标选择和实证测算,虽然初步达成了一些共识,但尚缺一个具有代表性和普适性的成本评价指标体系,因而研究结果的差异较大,一定程度上影响了其作为政府决策参考的有效性。总体来看,当前国内研究的不足突出表现在三个方面:一是多基于整体视角对农民工市民化成本进行均衡测算,涉及新生代农民工的研究成果数量较少,未能凸显其代际特征和需求异质性;二是研究方法以基于模型公式法(分类加总法)的静态分析为主,指标重叠和交叉现象严重,研究结果难以收敛;三是大多数研究均倾向于将农民工视为结构性约束下的受动客体,倡导通过外部"赋权"实现"外生推动型"的市民化,一定程度上忽视了农民工的比较优势和主观能动性。事实上,新生代农民工市民化是其追求自身效用最大化的行为过程,是综合考虑市民化成本和净收益之后做出的理性决策。基于成本视角的研究不仅有助于拓宽学术视野,而且能够增强地方政府政策调适的针对性和有效性,对于优化社会福利资源在不同利益群体之间的分配也大有裨益。

从实践探索来看,基于成本视角的农民工市民化研究也具有独特价值。近年来,国内各地普遍加大了政策调适力度并强化了基础设施建设和功能性建设投资,但却未能从根本上改变外来人口机械增长与城市融入效度偏

① 国家新型城镇化规划(2014—2020 年)[EB/OL].(2016-05-05)[2018-05-13].http://ghs.ndrc.gov.cn/zttp/xxczhjs/ghzc/201605/t20160505_800839.html.

② 习近平在中国共产党十九次全国代表大会开幕式上的讲话[EB/OL].(2017-10-18)[2018-05-13].http://www.china.com.cn/cppcc/2017-10/18/content_41752399.htm.

低的"两难困境",进而出现了新生代农民工市民化进程与城镇化进程脱节的现象,突出表现为户籍城镇化率低于人口城镇化率。究其原因:一是缺乏对农民工市民化成本规模和财政支出压力的精准测算,不利于地方政府进行合理判断和有效把握,致使各级地方政府对推进基本公共服务均等化存有不同程度的顾虑;二是地方政府存在明显的本位主义思想,各地政府之间的利益博弈现象突出,成本分担因缺乏有效的激励机制和监督机制而难以深入推进;三是现有研究仅对市民化成本分担机制提出了原则性构想,对分担主体、职责范围和分担比例等仍存在较大争议,对资金来源和筹集渠道等更是缺乏深入探讨。在此背景下,中央政府的政策导向易与地方政府的财政压力形成冲突,各地政府对加快推进基本公共服务均等化多持谨慎和保守态度,导致新生代农民工市民化进程相对迟缓。

浙江省是我国东部沿海地区的流动人口大省,长期以来面临着农业转移人口市民化的巨大压力,并且积累了丰富的推进新生代农民工市民化的经验。鉴于此,本研究尝试以浙江省为研究样本,在对新生代农民工市民化成本进行概念界定和实证测算的基础上,结合我国国情和浙江区域发展实际,提出构建"四位一体"多元化成本分担机制的可行思路,并尝试通过有效的制度创新和政策组合来确保该机制的良性运作,最终实现减轻政府财政支出压力、平衡各行为主体利益、推进农民工市民化进程等政策目标。

## 二、研究意义

### (一)理论意义

(1)在研究框架上,本书在马克思、恩格斯"农民非农化"理论和二元结构理论的基础上,创新性地引入了成本—收益理论和福利多元主义,尝试构建新生代农民工市民化成本研究的成本—收益分析框架。相对于理论界目前主流的新古典主义研究框架,成本—收益分析框架有助于在科学测算新

生代农民工市民化成本规模及其结构特征的基础上,增强学术界及政府部门对农民工市民化成本支出压力的准确把握。

(2)在研究方法上,本书依托已有关于农民工市民化成本的研究,结合新生代农民工的群体特征和代际差异,进一步优化和完善了市民化成本指标体系,尝试为后续研究提供一个更为科学严谨的研究范式,从而改善理论界目前测算结果差异较大的研究现状。在具体的研究过程中,本书依托传统的模型公式法,创新性地引入能凸显新生代农民工代际特征的相关指标,对其市民化成本进行了总量测算和结构分析,从而增强了对市民化成本的整体把握。

(3)在研究内容上,除了运用传统的分类加总法进行静态分析之外,本书以我国东部沿海地区的流动人口大省浙江为研究样本,从个人成本和公共成本两个方面进行了独立测算。同时,总结和提炼了上海、广东、山东等省市加快农民工市民化成本分担的先进经验,从而为探索低成本、可持续的市民化成本分担路径提供了具有普适性和可推广价值的决策依据。

### (二)实践意义

(1)本书采用定性分析与定量分析相结合的方法,将新生代农民工市民化成本测算作为主研究工具,有助于明确新生代农民工市民化成本的总量和结构特征,从而有助于增强各级地方政府对农民工市民化成本支出压力的有效判断和准确把握,对消除"成本恐高症"、制定合理的市民化推进方案等具有重要的实践指导意义。

(2)本书提出了构建"多元协同"市民化成本分担机制的可行思路,有利于进一步明确各主体的职能范围和支出责任,并且通过加快农村土地制度、财政转移支付制度、公共服务供给制度、劳动就业提升制度和住房供应保障制度六个层面的政策创新组合,消解市民化成本分担中的政策阻力,进而为推进新生代农民工市民化进程提供有效的政策支撑。

(3)本书提出了构建多层次市民化成本分担的实现路径,尝试通过渐进式制度改革和相关配套性政策相结合的方案,实现政府治理能力和农民工城市经济适应能力的"双重提升",既有助于消除市民化成本支出带来的财政压力和政策推行阻力,也有助于破解流动人口机械增长与城市融入效度偏低的"两难困境",因此具有积极的实践参考价值。

总体来看,本书的研究对各级地方政府加快推进基本公共服务均等化、促进社会资源配置的帕累托改进等具有积极的政策参考价值,对"十三五"时期国内各地加快农业转移人口市民化进程、提高新生代农民工城市融入效度、深入贯彻落实共享发展理念等也能够形成有益的理论和决策支撑。

# 第二节 国内外研究现状述评

农民工市民化(migrant workers citizenization)具有经济学、社会学和管理学等多学科属性,研究视角比较宽广,研究体系也比较庞大。与农民工市民化成本概念相关的,还有农村劳动力转移成本、人口城市化成本、农民市民化成本、农业转移人口市民化成本等概念。纵观国内外现有研究,理论界通常将其放在城乡二元结构的分析框架中讨论,研究视角以社会结构和社会关系为主。在迁移成本的具体分析方面,西方学者主要侧重成本要素对迁移意愿影响的理论探讨,国内学者则更多关注成本测算的技术细节和分担方案,二者表现出较为明显的学术差异。但总体而言,国内外现有成果为本研究提供了丰富的学术养料。

## 一、国外研究

新生代农民工是我国城乡二元结构下的特殊产物,国外并没有直接涉及农民工市民化的研究,但西方学者对人口迁移和移民国民化的研究起步较早,并且形成了较为成熟完善的理论体系,目前来看主要集中在以下两个方面。

(一)关于人口迁移的理论研究

成本作为一种行为抑制因素,会显著影响相关经济主体的理性决策。[①]在西方早期关于乡—城移民城市适应性的探讨中,刘易斯(William Arthur Lewis)的二元经济模型(Dual-sector Model)最早揭示了劳动力由农村向城市迁移的经济动因,即"只要城镇工业部门一般工资水平与农村工业部门收入之间存在差距,农民就愿意离开自己的土地向城市流动以谋求新的职业"[②]。该模型是劳动力迁移理论的经典模型,但局限性较大,而且假设条件也比较苛刻,此后经济学有关劳动力迁移的相关模型都是在对该模型不断进行修正的条件下得到的。

此后,拉尼斯(Gustav Ranis)和费景汉(John C. H. Fei)在刘易斯模型的基础上,提出了二元经济发展的"三阶段模型",即拉尼斯—费模型(Rains-Fei Model)。乔根森(Dale W. Jorgenson)则根据新古典经济学的分析方法,提出了新二元经济结构下的劳动力转移模型,即乔根森模型。上述模型均放弃了农业部门边际劳动力为零、农业工资和工业工资均为固定工资的假设,认为人口增长会产生农业剩余劳动力,而转移该部分劳动力的速度则取决于农业剩余的增长速度,从而弥补了刘易斯模型忽视技术进步的缺陷,认为农业劳动生产率提高是农业剩余劳动力转移和大规模城乡人口迁移的前提条件,并且迁移规模取决于农业生产相对于人口的水平。[③]

20 世纪 60 年代末,许多发展中国家开始遭遇到始料不及的城市失业问题,但同时却又有越来越多的农民离开农村进入城市,人口流动与经济发展

①　詹姆斯·M.布坎南.公共物品的需求与供给[M].马珺,译.上海:上海人民出版社,2017:84.

②　阿瑟·刘易斯.二元经济论[M].施炜,等译.北京:北京经济学院出版社,1989:33.

③　张广胜,周密.新生代农民工市民化进程的测度及其决定机制:基于人力资本与社会资本耦合的视角[M].北京:经济科学出版社,2008:9.

呈现出典型的"二律背反",前述模型对此却难以给出合理解释。对此,发展经济学家托达罗(Michacl P. Todaro))指出:"农业劳动力迁入城市的动机取决于预期的城乡收入差距,而非现实的城乡收入差距。只要预期的城市工资收入超过农村工资收入,迁移就会发生。"①该理论因为对人口流动和城市失业并存的现象做出了合理解释而受到西方学者的一致赞扬,但其蕴含的一些假设条件如"流入城市的农村劳动力如果找不到工作,宁愿待在城市的传统部门做一些临时性工作也不愿回到农村"等则与发展中国家的实际情况相去甚远。

在微观分析中,舒尔茨(Theodore W. Schultz)最先将成本因素纳入乡—城移民的迁移决策分析②,巴格内(Bague)③和李(Lee)④的推—拉理论则提出了影响迁移的三要素,即推力、拉力和中间障碍。在他们看来,迁出地的交通状况和迁移费用等均可被纳入"中间障碍",并且会对乡—城移民的迁移意愿形成显著影响。20世纪80年代后,面对西方国家日益凸显的移民"内卷化"倾向,达·凡佐(Da Vanzo)提出了迁移收益理论,强调迁移成本(包括货币成本和非货币成本)会对迁移意愿形成现实抑制。⑤ 他认为,迁移是人们追求更大经济收益的行为决策过程,本质上取决于迁移收益和迁移成本之间的比较,并且只有当迁移的预期收益大于迁移成本时,迁移才有可能发生。

此后,哈贝马斯(Jürgen Habermas)在构建交往行为理论时发现,晚期资本主义存在明显的交往异化现象,传统理性的分裂和人们交往行为的失范会导致各行为主体之间的不理解、不信任,人与人之间的矛盾和冲突将

---

① Todaro M P. A model of labor migration and urban unemployment in less development countries[J]. American Economic Review,1969,59(1):138-148.

② 西奥多·舒尔茨. 对人进行投资[M].吴珠华,译.北京:商务印书馆,2017:63.

③ Bogue D J. Principles of demography[M]. New York:Wiley,1969.

④ Lee E S. A theory of migration[J]. Demography,1996,3(1):47-57.

⑤ Da Vanzo J. Differences between return and nonreturn migration:an econometric analysis[J]. International Migration Review,1976,10(1):13-27.

会加剧,移民则会遭受到来自城市的融入阻力。[①] 弗兰克·帕金(Frank Parkin)十分赞同这一观点,在他看来,任何社会都会通过建立一整套程序或规范,形成资源和机会被社会上某些人享有而排斥其他人的"集体排他体系",因此移民要融入城市必然需要付出相应的"代价"。[②]

与此同时,随着移民迁移决策的主体逐渐由个人转向家庭,斯塔克(Stark)提出了新劳动力迁移理论,指出移民家庭将通过衡量收入和风险的大小来决定迁移程度,即举家迁移、部分迁移或完全不迁移。在乡城移民的城市融入障碍研究方面,西方理论界主要有四条脉络:一是社会资本理论,代表学者如布尔迪厄(Pierre Bourdieu)、科尔曼(Coleman)、林南(Nan Lin)和帕特南(Putnam);二是社会排斥理论,代表学者如勒内·勒努瓦(Rene Lenoir)和阿玛蒂亚·森(Amartya Sen);三是社会身份理论,代表学者如布莱恩·特纳(Bryan S. Turner);四是社会标签理论,代表学者如诺伯特·埃利亚斯(Nobert Elias)和戈夫曼(Goffman)。[③] 在提高移民的城市适应能力方面,西方研究逐渐形成了两条脉络:一是人力资本视角,代表学者如贝克尔(Becker)和卢卡斯(Lucas);二是社会资本视角,代表学者如波特斯(Portes)和布尔迪厄。其中,后者突出强调社会关系网络对移民迁移行为的积极的显著、推动作用。

### (二)关于人口迁移的社会成本研究

早在 20 世纪 70 年代,西方学者就开始关注人口迁移带来的成本问题。此后随着研究的不断深入,逐渐划分成城市化成本和移民国民化成本两个

---

① 尤尔根·哈贝马斯. 交往行为理论[M]. 曹卫东,译. 上海:上海人民出版社,2004:37.

② Ritchey N P. Explanations of migration[J]. Annual Review of Sociology,1976,2(1):363-404.

③ 许光. 新生代农民工城市融入的进程测度及政策创新研究[M]. 北京:中国社会科学出版社,2017:10-11.

分支领域。

首先,有学者借助对人口迁移带来的经济收益和公共成本的分析对比,研究了城市化成本的问题,例如刘易斯比较了城乡在机场设施和房屋建设等方面的成本差异[①];林内(Linn)提出发展中国家不断加快的城市化进程使城市化成本成为一个棘手的问题,并对发展中国家城市化的各类成本进行了总括性描述[②];理查德森(Richardson)比较了埃及和印度尼西亚等发展中国家的城市化成本,并建议增加国内储蓄以提高市民化成本的承受力等。[③]

其次,有学者研究了东道国政府为使无证移民向国民转化而需要支付的公共成本,即移民国民化成本问题。在该领域,根据关注重点的不同,西方研究又可分为三类。一是财政支出成本研究,例如亨德森(Henderson)认为,城市化成本主要是为了解决城市化问题进行的公共财政投入,具体包括城市基础设施建设和维护成本等[④];波特斯提出移民国民化成本包括住房、医疗、教育等公共服务成本。二是社会治理成本研究,例如理查德森提出城市发展管理成本概念,范桑特沃特(Versantvoort)提出迁入国失业率上升导致的隐性成本等概念。三是公共成本测算及公共政策评价,如卡马罗塔(Steven Camarota)计算出美国政府每年要为无证移民投入 104 亿美元的公共成本,并且若将无证移民成为国民后增加的公共服务项目费用纳入公共财政支付,则美国政府每年的公共成本支出将增加至 288 亿美元。[⑤] 奥约洛

①　Lewis W. Economic development with unlimited supplies of labour [J]. Manchester School of Economic and Social Studies,1954,22(2):139-191.

②　Linn J F. The costs of urbanization in developing countries [J]. Economic Development and Cultural Change,1982,(30):625-648.

③　高双,陈立行.关于农民工市民化社会保障成本问题的思考[J].劳动保障世界,2017(8):23-27.

④　Henderson V. Urbanization in developing countries[M]. The World Bank Research Obeserver,2002.

⑤　Camarota S A. The high cost of cheap labor[R]. Center for Immigration Studies Working Paper,2004:1-48.

亚(Oyoloa)和奥耶雷尔(Oyelere)研究发现,美国不同的移民群体对同样的成本政策和公共成本投入的评价不尽相同,并指出这种异质性是由于移民不同的地方风俗和生活经历等造成的。①

值得关注的是,西方学者并没有孤立地看待人口迁移带来的社会成本问题,而是把它放在成本—收益分析框架下进行理解。一方面,西方学者高度重视移民导致社会成本增加的问题,如波特(Robert Potter)等指出,乡—城移民会带来城市住房、医疗和教育等公共服务需求的显著增长,进而导致社会成本迅速增加②;费伯(Ferber)从年龄差异的角度分析了第一代和第二代移民的福利差异,发现即使控制年龄变量的影响,第一代移民国民化所需的福利投入水平仍显著高于第二代移民。③ 另一方面,也有学者客观评价了移民国民化对迁入国的经济社会效益,如范桑特沃特运用成本—收益分析法研究发现,劳动力跨国迁移会给迁入国提供充足的劳动力资源,从而以"人口红利"弥补社会治理成本。④ 特雷霍(Trejo)和博尔哈斯(Borjas)进一步指出,尽管移民会导致政府公共支出的成本增加,但长期来看移民国民化对迁入国的经济社会发展具有显著的正效应,移民对经济增长的贡献甚至会超过原住民。⑤

总体来看,国外虽然没有直接关于农民工市民化成本的研究,但西方学者较早关注到了成本因素对乡—城移民迁移意愿的影响,并且通过将个人

---

① Oyelere U, Oyolola M. Do immigrant groups differ in welfare usage? Evidence from the US[J]. Atlantic Economic Journal,2011,39(3):231-247.

② Desai V, Potter R. The companion to development studies [R]. Hoddder Education,2008.

③ Ferber T. Personen meteen uitkering[J]. Social Econo-mische Trends,2008,(1):25-34.

④ Versantvoort M. Evaluative werknemers-verkeer MOE-landen[M]. Rotterdam:Ecorys,2006.

⑤ Borjas G J. The economics of immigration[J]. Journal of Economic Literature,1994:1667-1717.

微观机制引入人口流动分析,指出了迁移成本在乡—城移民行为决策中的基础考量地位。尽管西方研究较少涉及迁移成本的实证测算和政府层面的操作建议,但其为解释农村剩余劳动力向城市迁移的内在动因提供了一种方法论指导,并且西方学者基于成本—收益分析框架的相关分析,为解释我国城镇化进程中新生代农民工的"边缘化"(marginalization)和"认同困惑"(identity confusion)等现象也提供了一种基于微观经济动因的研究范式。

## 二、国内研究

国内对农民工市民化成本的研究始于 21 世纪初,随着研究的不断深入,逐渐衍生出农村劳动力转移成本、人口城市化成本、农民市民化成本、农业转移人口市民化成本等相关概念。

从演进脉络来看,国内研究大致可以分成三个阶段:第一阶段是 2008 年之前的起步阶段,国内学者主要基于个体视角考察迁移成本的经济社会意义,即显性成本对农民工迁移意愿和行为决策的影响;第二阶段是 2008 年至 2014 年的发展阶段,市民化成本主要被用于解释农民工"半城市化"的融入困境,侧重从个人成本和公共成本两方面展开,但相关研究在成本评价指标体系和测算方法等方面存在较大差异;第三阶段是 2014 年至今的深化阶段,国内学者的研究重点转向市民化成本分担机制构建,基于区域样本的实证测算大量出现,但相关研究对各主体的支出责任和分担比例,以及资金来源和筹措渠道等存在较多争议。

总体来看,国内研究的发展呈现出三个特点:一是研究视角从体制约束转向财政约束;二是关注重点从个体行为决策转向政府公共决策;三是破解思路从单一主体承担转向多元主体分担。

### (一)农民工市民化成本的概念界定与指标构成

理论界目前认可度最高的农民工市民化成本概念是张国胜提出的,即

"使农民工在身份、地位、价值观、社会权利以及生产、生活方式等方面全面向市民转化并顺利融入城市社会所必须投入的最低资金量"①。与此概念相关的还有农村劳动力转移成本、人口城市化成本、农民市民化成本和农业转移人口市民化成本等概念。根据刘传江提出的"两阶段转移理论",国内学者通常将上述概念分别划归于农民工市民化进程的"农村退出阶段"和"城市进入阶段"。其中,本书研究的"农民工市民化成本"主要集中在后一阶段,是目前学术界使用最广泛的概念之一。对各行为主体是否具备相应成本支付能力的探讨,催生了后来关于市民化成本分担机制的研究。

根据国内学者的共识,农民工市民化成本包括私人成本(private cost)和公共成本(public cost)两部分,二者之和为社会成本(social cost)。但在市民化成本的具体构成及评价指标选择上,国内学者却表现出了较强的学术分歧。例如,陈广桂认为农民工市民化的私人成本包括生活成本、智力成本和自我保障成本,公共成本包括基础设施成本、生态环境成本和公共管理成本。② 胡渝清认为,农民工市民化的私人成本包括风险成本、机会成本、生活成本和置换成本,公共成本包括城市基础设施建设成本和就业岗位创造成本。③ 张国胜认为,农民工市民化的社会成本包括公共服务(产品)享受成本、基本权利保护成本、社会经济适应成本和城市生活融入成本。④ 周向东认为,农民工市民化的私人成本包括城市生活成本、住房成本和机会成本,

① 张国胜.基于社会成本考虑的农民工市民化:一个转轨中发展大国的视角与政策选择[J].中国软科学,2009(4):56.

② 陈广桂.房价、农民市民化成本和我国的城市化[J].中国农村经济,2004(3):44-48.

③ 胡渝清.重庆市农民市民化的成本—收益分析[J].安徽农业科学,2008(2):55-59.

④ 张国胜.基于社会成本考虑的农民工市民化:一个转轨中发展大国的视角与政策选择[J].中国软科学,2009(4):64-72.

公共成本包括城市基础设施成本、社会保障成本和随迁子女教育成本。[①]

显然,理论界目前对农民工市民化成本的概念内涵和指标构成尚未形成定论,缺乏一个具有较高公认度和普适性的成本评价指标体系,进而对市民化个人成本和公共成本的实证测算造成了基础性的技术限制。因此,有必要根据新生代农民工的代际特征和需求异质性,科学界定市民化成本概念并明确相关指标构成。

### (二)市民化成本的实证测算与代表性观点

按照时间跨度,国内研究的技术方法可以大致划分为两种类型:一种是2008年之前倾向于从人口城市化角度,测算全国层面的农业转移人口市民化成本,例如陈广桂和中国社会科学院等的研究成果;另一种是2008年之后直接测算农民工市民化的边际社会成本,如魏后凯、国务院发展研究中心、张国胜、潘家华等的研究成果。

在第二阶段,又可根据研究对象的不同,将国内学者的研究成果进一步划分为三类:一是对不同样本地区的实证测算,如王合翠[②]对安徽省的测算,张继良等[③]对江苏省的测算,王斯贝等[④]对河北省的测算,陆成林[⑤]对辽宁省的测算等;二是对市民化成本细分指标的测算,如杨钧[⑥]测算了就业成本,易

①　周向东.促进农民专业合作组织发展的政策研究:以重庆市为例[J].重庆科技学院学报(社会科学版),2011(11):72-78.

②　王合翠.安徽省农民工市民化的私人成本研究[J].衡水学院学报,2015,17(4):72-75;王合翠.安徽省农民工市民化公共成本研究[D].合肥:安徽大学,2015.

③　张继良,马洪福.江苏外来农民工市民化成本测算及分摊[J].中国农村观察,2015(2):44-56.

④　王斯贝,刘彦麟,杨文杰.河北省农民工市民化成本分摊测算研究报告[J].经营管理者,2016(16):61-62.

⑤　陆成林.新型城镇化过程中农民工市民化成本测算[J].财经问题研究,2014(7):86-90.

⑥　杨钧.基于交易成本视角下农民工就业问题及对策研究[J].河南机电高等专科学校学报,2013(3):27-30.

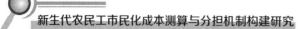

蓉和张胜荣[①]测算了教育培训成本,谢建社和张华初[②]测算了公共服务成本,邹文涛等[③]测算了机会成本等;三是对不同成本类型的测算,如张国胜[④]测算了农民工市民化的个人成本,石忆邵[⑤]测算了农民工市民化的公共成本,冯俏彬[⑥]测算了农民工市民化的社会总成本等。

就测算方法而言,国内学者大多采用模型公式法(加总分类法)进行静态分析,但由于对农民工市民化成本的概念内涵、指标构成和统计口径等理解不一,致使测算结果差异较大,一定程度上影响了其作为政府决策参考的有效性。例如,张国胜估算出我国东部沿海第一代农民工和新生代农民工市民化的私人成本分别为10万元/人和9万元/人,内陆地区分别为6万元/人和5万元/人[⑦],而中国社科院等估算出的农民工市民化私人成本仅为2.47万元/人[⑧],两者相差巨大。在分区域的农民工市民化成本研究中,国内

① 易蓉,张胜荣.农民工职业技能形成的成本收益分析[J].当代经济,2011(3):120-123.

② 谢建社,张华初.农民工市民化公共服务成本测算及其分担机制:基于广东省G市的经验分析[J].湖南农业大学学报(社会科学版),2015(8):66-74.

③ 邹文涛,樊孝凤,刘玲.农民工外出务工意愿与迁移机会成本的再讨论:基于农民工供给与"收入差"的弹性分析[J].知识经济,2013(24):21-22.

④ 张国胜.基于社会成本考虑的农民工市民化:一个转轨中发展大国的视角与政策选择[J].中国软科学,2009(4):64-72.

⑤ 石忆邵,宣璇.基于耕地资源价值流失的视角:城市化机会成本研究[J].现代城市研究,2013(12):77-83.

⑥ 冯俏彬.构建农民工市民化成本的合理分担机制[J].中国财政,2013(13):63-64.

⑦ 张国胜.基于社会成本考虑的农民工市民化:一个转轨中发展大国的视角与政策选择[J].中国软科学,2009(4):64-72.

⑧ 中国社会科学院"社会形势分析与预测"课题组,李培林,陈光金,等.2010—2011年社会形势分析与预测[J].中国经贸导刊,2011(2):101-112.

学者的测算结果也难以收敛,如徐建荣[①]和张继良等[②]对江苏省农民工市民化成本的测算结果分别为 4.8 万元/人和 14.3 万元/人,后者是前者的近 3 倍;周向东[③]和蒋仕龙等[④]测算的重庆市农民工市民化成本分别为 6.5 万元/人和 12 万元/人,后者是前者的近 2 倍。

在财政支出压力方面,国内学者对不同样本地区的测算结果同样显示出较大差异,但一个比较一致的观点是我国农民工市民化的公共成本约为 10 万元/人。[⑤]照此标准,未来每年我国要为解决 2000 万农民工市民化至少投入 2 万亿元资金。[⑥]

### (三)构建市民化成本分担机制的思路与对策建议

考虑到农民工市民化需要短期支付的一次性成本对各流入地政府而言具有较大压力,因此《国家新型城镇化规划(2014—2020 年)》明确提出要"建立健全由政府、企业、个人共同参与的农业转移人口市民化成本分担机制,根据农业转移人口市民化成本分类,明确成本承担主体和支出责任"[⑦]。对

---

① 徐建荣.新型城镇化下江苏农民工市民化成本探析[J].现代经济探讨,2015(2):73-77.

② 张继良,马洪福.江苏外来农民工市民化成本测算及分摊[J].中国农村观察,2015(2):44-56.

③ 周向东.重庆市农民工市民化转型成本测算及分担机制研究[D].重庆:重庆工商大学,2012.

④ 蒋仕龙,许峻桦.新生代农民工融入城镇成本研究[J].时代金融旬刊,2014(12):102-104.

⑤ 国务院发展研究中心"促进城乡统筹发展,加快农民工市民化进程研究"课题组.农民工的八大利益诉求[J].发展研究,2011(12):67-74.

⑥ 杨伟民.农民工市民化成本要由政府和市场共同分担[J].农村工作通讯,2011(4):79.

⑦ 国家新型城镇化规划(2014—2020)[EB/OL].(2016-05-05)[2018-05-13].http://ghs.ndrc.gov.cn/zttp/xxczhjs/ghzc/201605/t20160505_800839.html.

此,国内学者均持赞同意见并已成达成了共识,例如潘家华等①、张国胜等②和石忆邵等③均发文阐述了构建多元化成本分担机制的思路。

但是,对于各主体的责任范围和分担比例,国内学者仍存在明显的意见分歧,目前代表性的观点有三种。一是中央政府主体论,认为农民工市民化困境源于我国城乡二元体制下的"双重户籍墙",市民化成本是为了纠正制度偏差、弥补历史欠账,因此中央政府应当成为成本分担的主体。④ 二是地方政府主体论,认为农民工市民化具有较强的正外部性和溢出效益,流入地政府是"人口红利"的事实受益者,而且基本公共服务具有公共产品属性,因此地方政府应成为农民工市民化成本的分担主体。⑤ 三是农民工主体论,认为市民化本质上是农民工自身福利的改善和向社会上层的流动,农民工作为市民化的直接受益者应当通过农地资本化等方式积极承担相应成本。⑥

综合上述观点,更多学者倾向于构建一种"政府主导、多方参与"的多元

① 潘家华,魏后凯.中国城市发展报告 No.6:农业转移人口的市民化[M].北京:社会科学文献出版社,2013.

② 张国胜,陈瑛.社会成本、分摊机制与我国农民工市民化:基于政治经济学的分析框架[J].经济学家,2013(1):77-84.

③ 石忆邵,王樱晓.基于意愿的上海市农民工市民化成本与收益分析[J].同济大学学报,2015(4):50-58.

④ 胡桂兰,邓朝晖,蒋雪清.农民工市民化成本效益分析[J].农业经济问题,2013(5):83-87;张善柱,程同顺.农民工市民化成本测算的误区及矫正[J].中共天津市委党校学报,2016(5):79-83,91.

⑤ 高拓,王玲杰.构建农民工市民化成本分担机制的思考[J].中州学刊,2013(5):45-48;李学灵.农民工市民化的社会保障成本:构成与测算——以安徽省为例[J].长沙大学学报,2016(3):57-59.

⑥ 魏澄荣,陈宇海.福建省农民工市民化成本及其分担机制[J].中共福建省委党校学报,2013(11):113-118.

化成本分担机制,以最大限度地消解各行为主体面临的成本支出压力。[①] 为了实现这一目标,张国胜、孙斌育等学者提出应进一步加快户籍制度、就业制度、社会保障制度、义务教育制度、保障性住房制度和农村土地制度等多个领域的改革,以便为农民工市民化成本的有效分担提供政策支持和制度保障,进而实现农业转移人口市民化与新型城镇化进程的协同推进。

### 三、对现有研究成果的评价

综观国内外学者的研究成果,客观上形成了一个多视角、多层次、多维度的研究体系。其中,西方研究通过将成本因素引入人口流动分析,指出了成本约束在乡—城移民行为决策中的基础考量地位,从而为解释我国新生代农民工"半城市化"融入困境提供了一个科学的研究范式。但是,西方研究以理论探索为主,涉及成本测算和政策操作层面的成果相对匮乏。如何根据我国国情和新型城镇化发展的内在要义,对新生代农民工市民化成本进行科学测算并构建合理有效的成本分担机制,仍是国内学者亟待探索的重要课题。

就国内研究而言,当前学者们在相关领域已经达成了一些共识。

(1)市民化成本的有效分担是破解农民工"半城市化"融入困境、提高城镇化质量的关键。从表面上看,农民工市民化与城市化进程脱节,根源于城乡二元体制下"双重户籍墙"的制度遗产效应,但本质上是既有利益格局下基本公共服务均等化面临较大的财政支出压力,因而各地推进相对迟缓。

(2)基本明晰了农民工市民化成本的概念内涵与指标构成,并通过模型公式法进行了分地区、分项目的实证测算,从而有助于各级政府从整体上把

---

① 潘家华,魏后凯.中国城市发展报告 No.6:农业转移人口的市民化[M].北京:社会科学文献出版社,2013;许光.新生代农民工城市融入的成本测度及分担机制构建:基于私人成本支出的视角[J].中共浙江省委党校学报,2014(1):66-72;张继良,马洪福.江苏外来农民工市民化成本测算及分摊[J].中国农村观察,2015(2):44-56.

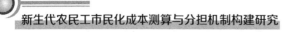

握农民工市民化面临的成本支出压力。

(3)认为应当结合我国国情和区域发展实际,加快建立中央政府、地方政府、企业和农民工共同参与的多元化成本分担机制,并倡导通过相应的制度改革为市民化成本的有效分担提供政策支撑和制度保障。

但是,国内现有研究也存在一些不足。

(1)涉及新生代农民工市民化成本的研究成果数量较少。现有成果大多基于整体视角对农民工市民化成本进行均衡测算,既未区分新生代农民工的代际特征和需求差异,又未考虑其融入城市的主观能动性。

(2)缺乏一个具有较高公认度和较强普适性的成本评价指标体系。现有成果的指标重叠和交叉现象严重,研究方法以基于点或面的静态分析为主,缺乏对市民化成本的动态分析和趋势预测,因而不利于地方政府形成合理判断和有效预期。

(3)仅对成本分担机制提出了原则性构想,仍缺乏具体的实施方案和操作细则,特别是对各主体的支出责任和分担比例、资金来源和筹措渠道等存在较大争议。

(4)从政策导向来看,现有研究较多倡导"外生推动型"的制度改革,忽视了新生代农民工市民化的内在动力机制,无益于培育长效性、常态化的"内生主导型"的市民化策略,一定程度上影响了市民化成本分担的可持续性。

总体来看,目前国内学者存疑和争论的焦点主要集中在三个方面。

(1)新生代农民工市民化成本的规模究竟有多大? 各级政府是否具备相应的财政承担能力?

(2)分担市民化成本的行为主体有哪些? 其责任范围和分担比例应当如何确定?

(3)市民化成本的资金筹措渠道有哪些? 各渠道是否具备现实可操作性?

基于对上述问题的思考,本书认为,深化对新生代农民工市民化成本的研究应当突出四个导向。

（1）进一步明确市民化成本的概念内涵与指标构成。应结合新生代农民工的群体特征和需求异质性，构建具有代表性和普适性的成本评价指标体系，改变学术界目前认知不一、理解混乱的状况。

（2）创新以静态分析为主的模型公式法。应结合市民化成本的支出特点，基于区域内不同的城市样本进行横向比较和动态预测，以最大限度地消除区域差异对测算结果的影响。

（3）高度关注市民化成本的资金筹集问题。应在明确资金来源途径的有效性和可获得性基础上，加快构建权责对等、利益均衡的多元化成本分担机制。

（4）加快相关领域的制度创新和政策改革。应按照公平与效率兼顾、能力与义务对等、投入与收益均衡的原则，构建政府、企业和个人共同参与的多元化成本分担机制，并通过有效的制度创新和政策改革，为市民化成本的有效分担提供保障。

# 第三节 基本思路与研究方法

## 一、基本思路

本书遵循"问题提出—现状描述—实证测算—经验借鉴—对策建议"的逻辑思路，尝试从理论和实践两个层面，探讨加快新生代农民工市民化成本分担机制的思路与政策建议，进而形成一个相对完整的研究框架。本书的具体研究思路如图 1-1 所示。

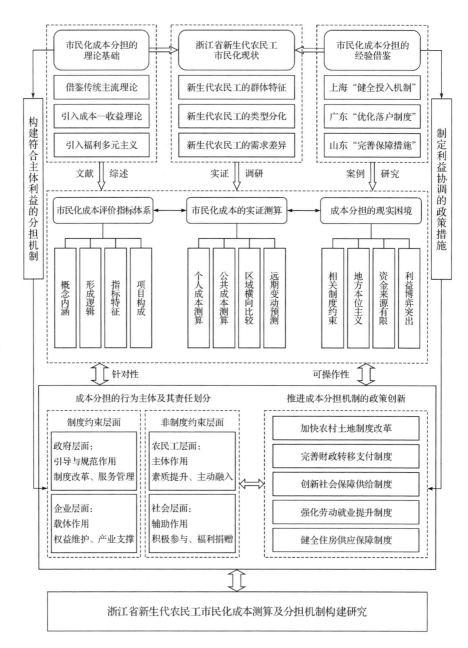

**图 1-1　研究基本思路与技术路线**

## 二、研究方法

（1）采用文献分析与专家咨询相结合的方法，构建既能体现新生代农民工代际特征又具有普适性的市民化成本评价指标体系。首先，在二元结构理论、社会融合理论等传统主流分析范式的基础上，创新性地引入社会产品理论、成本—收益理论和福利多元主义，确立市民化成本分担的"理性视角"和成本—收益分析框架。其次，通过召开专家论证会，对理论界目前"碎片化"的市民化成本指标进行整合，构建包含个人成本和公共成本两大层面、逻辑结构清晰完整的"新生代农民工市民化成本评价指标体系"。

（2）采用问卷调查与实证分析相结合的方法，对新生代农民工的市民化成本进行综合测算。首先，以东部沿海地区的流动人口大省浙江省为研究样本，通过问卷调查获取新生代农民工群体规模、代际特征和市民化状况的第一手资料，重点分析其市民化需求的异质性。其次，采用分类加总法（平均数法）测算新生代农民工市民化的私人成本和公共成本，从而对市民化成本的总量规模和结构特征等进行综合判断。

（3）采用案例分析与比较研究相结合的方法，寻求具有普适性的农民工市民化成本分担机制的区域经验借鉴。一方面，整理国内各人口流入大省创新成本分担机制、拓宽资金筹措渠道的典型案例，如广东省优化财政支出结构、上海市健全资金投入机制、浙江省创新服务供给方式等做法；另一方面，基于更广泛的城市样本对各地区消解市民化成本分担压力的做法进行横向比较，提炼具有普适性的经验和举措，以尽可能消除区域差异对市民化成本分担的负面影响。

# 第四节 预期创新点与局限性

## 一、本研究的创新之处

### (一)学术思想上的创新

(1)本书致力于实现研究范式从新古典主义向成本—收益分析的转变。纵观理论界现有研究,多基于新古典主义分析框架,将新生代农民工视为结构性约束下的受动客体,研究视角相对封闭。事实上,新生代农民工市民化的本质是基本公共服务均等化,成本分担的核心在于加快对既有利益格局的调整,从而实现稀缺性社会资源配置的帕累托改进。鉴于此,本书尝试在传统主流分析范式的基础上,创新性地引入成本—收益理论和福利多元主义,以实现研究范式由"制度改革论"向"成本分担论"的转变。

(2)本书认为,农民工市民化成本分担应坚持渐次推进、动态调整的实施策略。新生代农民工市民化具有长期性和渐进性的特点,因此成本分担应坚持"两阶段"推进策略:第一阶段,主要消解城乡二元结构下制度因素导致的"沉淀成本",优先解决存量农民工的市民化问题;第二阶段,主要消解权益保障和公共服务方面的"增量成本",重点培育新生代农民工市民化的"自致路径"。鉴于此,本书尝试突破以往研究的局限,从成本总量和结构特征两个方面对新生代农民工市民化成本进行分析,进而增强对该问题研究的准确性。

(3)本书倡导农民工市民化应实现由"外生推动"向"内生主导"转变。理论界现有研究大多强调通过外部"赋权"消除新生代农民工与市民在基本权益保障和公共服务享受等方面的差距,侧重"外生推动型"的市民化策略。

鉴于市民化成本支出的巨大压力和新生代农民工的代际优势,本书认为应当在坚持政策创新的基础上,努力提高新生代农民工的城市经济适应能力,培育其市民化的"自致路径"。简言之,应实施"内生主导、外生推动"的新型市民化策略,以"多赢"为目标实现各参与主体的利益均衡。

**(二)学术观点上的创新**

(1)新生代农民工市民化成本具有"三多三少"的特征,尽管当期成本支出压力较大,但长远来看市民化收益将大于成本支出总额,因此各级政府应抱有积极的政策预期。理论界目前有关农民工市民化成本的争论,核心是缺乏对成本总量和支出压力的准确判断。事实上,农民工市民化成本是新生代农民工在实质性融入城市的过程中,各参与主体必须真实负担且新增的那部分资金支出(增量成本)。基于成本—收益分析框架,新生代农民工市民化具有显著的正外部性,市民化收益的外溢性明显,因此长远来看可计量的经济性收益将高于各级政府需要支付的公共成本,因此"成本恐高症"并无必要。

(2)新生代农民工市民化成本根源于劳动的制度性贬值与基本权利缺失,成本分担的核心在于通过有效的机制创新和制度安排,使各分担主体的私人理性收敛于社会的集体理性。目前学术界普遍认为,新生代农民工市民化障碍根源于"双重户籍墙"的制度遗产效应,从这个意义上来说,市民化成本分担是为了弥补制度失灵导致的"沉淀成本",这是对我国城乡二元结构下农民工劳动力贬值与权利缺失的一种"补偿"。但由于新生代农民工市民化具有动态累积的特征,不可能在短期内一次性完成,因此市民化成本分担的核心是通过有效的制度安排和政策创新,使各参与主体的私人理性收敛于社会的集体理性。

(3)为有效减轻各级地方政府的财政支出压力,建议从公共财政、市场机制和社会参与三个途径分解新生代农民工市民化成本,进而实现各参与主体的利益协调和责任共担。根据新生代农民工市民化成本的属性,可将其划分为纯公共产品、准公共产品和私人产品三种。根据"效率与公平兼

顾,能力与责任对等"的福利最大化原则,本书认为应当在静态的一次性投入基础上构建和深化动态的成本分担机制,从而实现政府财政支出压力的预期可调整。其中,随迁子女义务教育成本等具有明显公共产品属性的,应当由中央政府和各级地方政府共同承担;社会保障成本等带有准公共产品属性的,应当由政府、企业和农民工共同分担;具有私人产品属性的(如生活成本)则应交由市场,由农民工自身承担。

### (三)研究方法上的创新

(1)采用文献梳理与专家咨询相结合的研究方法,创新性地构建了"新生代农民工市民化成本评价指标体系"。从理论界现有研究成果来看,多是以基于点或面的静态分析为主,而且相关评价指标体系差异甚大,代表性指标的选择具有明显的重叠和交叉现象,致使实证测算的研究结果难以收敛。鉴于此,本书在对理论界现有研究成果进行参考和借鉴的基础上,选取了最具代表性和在学界具有较高认可度的指标,并结合新生代农民工的代际特征和需求异质性,创新性地引入资本再造成本和享乐成本等新增指标,构建了新型的市民化成本评价指标体系,以增强研究的科学性、针对性和准确性。

(2)采用定性分析和定量研究相结合的方法,创新新生代农民工市民化成本的实证测算。鉴于国内各地新生代农民工的群体规模、市民化诉求和当地政府的财政能力等差异较大,理论界以往以农民工整体为分析对象的研究在结果上存在误区,容易导致农民工市民化成本被高估,从而导致各地政府普遍存在的"成本恐高症"。鉴于此,本书以具有代表性的流动人口大省浙江省为研究样本,通过对浙江省新生代农民工市民化的个人成本和公共成本进行独立测算,以总量指标和增量指标两种方法,综合判断新生代农民工市民化带来的成本支出压力。与以往的模糊分析相比,本书的测算结果更为准确,而且按照市民化成本分担的不同主体,两种指标对不同参与对象衡量自身的成本支出压力也更为准确和客观。

(3)采用案例分析和比较分析相结合的方法,总结和提炼具有普适性和可推广价值的经验举措。从国内各地的具体实践来看,尽管从中央到地方均已就"加快农业转移人口市民化"达成了共识,但各地推进基本公共服务供给的进程却相对滞后。究其原因,主要在于难以协调各参与主体的利益共同点,本位主义思想和利益博弈现象突出,致使农民工市民化成本分担因缺乏有效的利益补偿机制和监督评价机制而难以推进。鉴于此,本书选取了东部沿海地区具有典型性的上海、广东和山东为例,通过对这三个省市在健全分担机制、优化落户制度、完善保障措施等方面的创新举措,总结和提炼了对浙江乃至国内其他地区具有积极借鉴意义的成功举措,进而为构建"多元协同"的市民化成本分担机制奠定了理论依据和决策支撑,对今后各地加快农民工市民化进程、提高新型城镇化质量等具有积极意义。

## 二、本研究的局限性

(1)由于理论界目前直接涉及新生代农民工市民化成本研究的成果数量有限,而且在概念内涵和指标构成上存在较大差异,缺乏一个成熟的模型可供借鉴,因此本书在构建新生代农民工市民化成本评价指标体系时,尽管选取了最具代表性和数据可获得性的相关指标,但仍难免存在疏漏之处。

(2)新生代农民工市民化是一个复杂的系统工程,我国区域发展差距较大,各地的农民工规模、政府财政能力和城市承载力等各不相同,本书以东部沿海地区的流动人口大省浙江省为研究样本,尽管具有典型的代表性,但仍需在更为宏观的层面进行省域横向比较,以进一步拓宽研究样本的范畴,提升研究结论的普适价值。

# 第二章 新生代农民工市民化成本研究的理论基础

新生代农民工市民化具有经济学、社会学和人口学等多学科属性,国内外学者在对该问题进行研究时较多采用发展经济学、行为经济学和社会心理学等研究方法,其中目前应用最多的理论工具是二元结构理论、社会排斥理论和社会资本理论等。这些理论对发展中国家的农村剩余劳动力转移具有较强的解释力,特别是二元结构理论被视为乡—城移民研究的经典理论。但是,这些理论均具有一个特点,即将农民工视为结构性约束下的受动客体,相关探讨无一例外地归结于以制度改革破解农民工市民化困境的逻辑思路。事实上,以农民工为主体的农业转移人口是具有主观能动性的"经济人",市民化是其综合考虑成本和收益之后做出的理性决策,以此为视角探寻更加符合农民工代际特征和行为规范的理论工具,是深化对该问题研究必不可少的内容。

鉴于此,本书在借鉴农民非农化理论和二元结构理论等传统主流分析工具的基础上,尝试创新性地引入成本—收益理论和福利多元主义理论,进而构建基于经济、政治、社会、文化的新生代农民工市民化"四维度"分析框架。本章研究的重点有两个:一是通过理论工具的创新,尝试将传统被动的"问题视角"转变为积极的"主体视角",充分尊重和理性看待新生代农民工市民化的主观能动性;二是构建基于经济收入、政治参与、社会交往和心理认同的"四维度"分析框架,整合理论界现有零散、碎片化的研究成果,加强对新生代农民工市民化研究的整体把握。本章研究的核心是在传统经典研究范式的基础上,推进农民工市民化研究由新古典主义分析框架向成本—收益分析框架转变。

# 第一节　马克思、恩格斯的农民非农化理论

马克思主义经典作家很早就对农民非农化现象进行了观察和思考。在马克思和恩格斯看来,农民非农化的产生是资本主义国家在工业化和城市化进程中的一个必然现象。根据观察视角的不同,可以分为狭义和广义两个层面的含义。其中,狭义的农民非农化是指农民所从事的产业类型由农业转变为非农产业;广义的农民非农化则是指农民在实现产业转变的基础上,其生活方式、行为模式、社会身份和思想价值观等全面向市民转变。① 显然,广义层面的马克思主义农民工非农化概念与今天国内探讨的农业转移人口市民化概念是内在一致的,二者均包含了农村剩余人口在农村退出和城市进入两个阶段的市民化进程。

## 一、农民非农化理论的主要内容

在具体的研究中,马克思和恩格斯系统考察了包括英国、德国、法国、俄国等资本主义国家在内的工业化和现代化进程,发现上述国家的农民非农化进程均呈现出稳步发展的态势。在他们看来,促进农民非农化产生和发展的因素主要包括工业化、人口迁移、土地集中和政策引导,而这些因素在

① 杜亭亭.云南省农民工市民化的合理推进速度及成本研究[D].昆明:云南财经大学,2017:114.

资本主义国家的乡—城迁移进程中是普遍存在的,从宏观层面有效解释了乡—城移民的城市化进程。具体来看,马克思、恩格斯对上述四个因素做了如下论述。

### (一)农民非农化是资本主义工业化发展的必然结果

马克思指出,工业化最早始于乡村的工业化,农村劳动力由于农业生产的规模化和农业机械的广泛使用而变得"剩余",因此他们不得不从农业生产中脱离出来,逐步向工业和服务业领域转移。当然,农民非农化并不是一个绝对的过程。马克思清楚地看到,在乡村工业化的进程中产生了一些特殊的小农阶级,他们的就业属性具有双重特征,既从事农业生产,也从事非农业生产,但从总体趋势来看他们仍然会伴随着向城市工人身份的转变而逐渐与土地联结相脱离。

### (二)人口流动和工业发展为农民工非农化奠定了现实基础

马克思认为,农民非农化的实现客观上来源于两个要素的有效支撑:一是城市工业部门的高工资收入为农村人口向城市流动和迁移提供了强大动力,工业部门的迅速增长使得农民非农化的就业机会增多,人口流动又为工业部门的继续扩张提供了强大的人力资源储备;二是工业化的迅猛发展使得城市工业普遍壮大,为吸纳大量迁入的农业剩余人口提供了现实条件。在马克思看来,上述两个因素相辅相成、互相促进,人口迁移和工业化发展为农民市民化提供了有效的逻辑闭环。

### (三)土地集中进一步加速了农民非农化的实现过程

在晚期资本主义国家,土地的自由交易和高速流通使得土地得以大规模集中,这种现象一方面为现代化农业的发展创造了必要条件,另一方面也进一步压缩了传统农业的发展空间,加剧了农业剩余人口向城市迁移的历史进程。马克思考察了欧洲资本主义国家,发现农业人口由于土地集中被大幅度压缩,同时城市工业部门的就业人口则急剧膨胀,显然大土地所有制客观上推进了资本主义国家的农民非农化过程。

**(四)国家政策的调整为农民非农化的实现提供了支撑**

19 世纪中期之后,西方资本主义国家普遍面临着工业化和城市化引发的一系列社会矛盾和阶层冲突,对此,它们普遍采取了经济干预和政府调控措施,力图缓解农业剩余人口向工业部门转移引发的社会问题。例如,英国政府颁布和实施了《济贫法》,试图改善公共基础设施、国民义务教育和改善工人就业条件等,以缓解农业转移人口低工资和农村地区贫困的状况。虽然资本主义国家政策改良的初衷是为了缓和日益严峻的阶级矛盾,但它也在一定程度上承担了农民非农化的公共责任。

## 二、农民非农化理论的政策含义

农民非农化是一个具体、现实的历史发展过程,它既不会凭空出现,也不会归于无声,而是会随着经济社会的具体的、历史的发展而展现出新的特征。马克思、恩格斯在其经典论著中对农民非农化的发展前景进行了科学预测。他们认为,伴随着资本主义国家土地集中的进一步加剧,传统的小农生产将逐步消失,以农业转移人口为主体的城市新兴产业工人将取代农民阶级,而农业人口则会随着城市化和工业化进程的深入推进而趋于减少甚至消亡。

从马克思、恩格斯的农民非农化理论来看,乡城移民进程中农业剩余人口向城市转移有其必然性,而且从工业化发展、人口流动迁移、农村土地集中和国家政策引导来看,农民非农化的实现需要具备相应的现实基础。就这一点而言,当前我国农业转移人口市民化已经具备了相对成熟的经济社会条件,这也客观论证了我国农民工市民化进程的现实紧迫性。但是,马克

思、恩格斯的农民非农化理论也指出,农业剩余人口向城市工业部门大量、彻底转移的前提是城市大工业的发展和农村大农业的形成,二者相辅相成、缺一不可。然而从我国当前的实际情况来看,农民工市民化因农村土地制度的不健全和城市融入机制的不完善,普遍面临着"半城市化"的融入困境,其由农村向城市的转移长期停留在浅层次。因此,必须针对阻碍农民工市民化的制度因素进行深入探讨,破解农业转移人口机械增长和城市融入效度偏低的两难困境。

# 第二节 二元经济结构理论

在西方早期关于乡—城移民的城市适应性探讨中,发展经济学家最先开始关注农村劳动力向城市迁移及其衍生的相关问题,在研究过程中,农村人口城市化(urbanization of rural population)和农业剩余劳动力非农化(non-agricultural of rural surplus labor force)逐渐成为两个核心命题。其中,阿瑟·刘易斯的"二元经济结构理论"是目前国内外学者研究发展中国家的乡—城劳动力迁移最主要的理论工具,该理论后来经过拉尼斯、费景汉及托达罗的改进趋于完善,并成为国内农业转移人口(农民工)市民化研究最为基础的理论范式。

## 一、二元经济结构理论的主要内容

二元经济结构理论是刘易斯于 1954 年在其《劳动力无限供给下的经济发展》一文中首次提出的。在该文中,刘易斯深入研究了发展中国家普遍存在的"二元经济结构"(dual economic structure)现象,即国民经济通常是由传统农业部门和现代工业部门两种性质截然不同的部门所组成的。其中,传统农业部门的生产效率很低,从业者收入往往仅能维持基本的生活;现代工业部门则生产效率较高,从业者工资水平通常会显著高于传统农业部门。

刘易斯在研究中认为,发展中国家经济的发展归根结底是由于经济结构的转变,并据此提出了"二元结构模型"。该模型是发展经济学中最早对乡—城人口流动进行描述的模型,指明了发展中国家由落后状态向先进状态发展的理论范式,具有十分重要的理论创新价值和学术指导意义。蔡昉在其《中国的二元经济与劳动力转移》一书中提到,二元结构模型"奇迹般地从有关不发达的简单命题中引出了典型不发达国家的全部'运单规律',以及一整套内容十分广泛的对内对外经济改革建议"[1]。显然,在国内外学者的研究中,二元经济结构理论的学术地位和理论价值都是十分突出的。

就该理论的具体内容而言,刘易斯认为,发展中国家一般具有三个突出特点,即资本稀缺、土地相对有限、人口增长较快,而这些特点都会对传统农业的发展产生直接而重大的影响。例如,由于土地有限且资本相对不足,传统农业部门劳动力的边际生产率必然十分低下,甚至会持续降低至零乃至负数,这些劳动力就被称为"零值劳动人口",即所谓的农村剩余劳动力(surplus labors)。[2] 在刘易斯看来,由于传统农业部门的劳动收入通常较低,仅能够用于维持个人及其家庭最低限度的生活开支,而城市现代工业部门的工资水平明显要高,如果不存在明显的外力干涉,农村剩余劳动力必然由于高工资的吸引而大量向城市迁移。同时,由于发展中国家的技术水平相对滞后而且农业人口的基数十分庞大,因此短期内其农业边际生产率低下乃至为零的状况不会改变,这就意味着现代工业部门可以按照现行不变的工资水平获得其所需要的"任何数量"的劳动力供给,以扩大工业生产规模。换言之,在刘易斯看来,二元经济结构下农村剩余劳动力的供给是无限的。据此,该理论模型也被称为"农村剩余劳动力无限供给模型"。[3]

---

① 蔡昉.中国的二元经济与劳动力转移[M].北京:中国人民大学出版社,1990:40.

② 阿瑟·刘易斯.经济增长理论[M].周师铭,等译.北京:商务印书馆1983:67.

③ 张国胜.中国农民工市民化:社会成本视角的研究[M].北京:人民出版社,2008:19-20.

当然,由于该模型依赖于相对严苛的假设条件,因而也存在一些明显的缺陷。例如,拉尼斯和费景汉认为:首先,二元经济结构模型对农业生产在推动工业发展中作用的重视程度是不够的;其次,农业劳动生产率提高应该是农村剩余劳动能力转移的前提条件而非后致结果。据此,他们提出了改良后的"拉尼斯—费模型",该模型的特征是以分析农村剩余劳动力转移为核心,且重视技术变化,进而成为新古典主义框架下分析二元经济问题的经典范式。

此后,托达罗于1969年进一步从微观经济分析的角度提出了"迁移预期收入理论"(migration expected income theory)。他认为农村剩余劳动力的迁移决策并非取决于城市工业部门和农村农业部门之间的真实工资差距,而是取决于乡—城迁移预期收益与实际收入的差值比较。简言之,乡—城移民迁移行为的决策取决于预期收入差距而非真实收入差距。在国内学者看来,托达罗模型能够更加有效地解释发展中国家城市高失业率与农村剩余劳动力转移并存的独特现象,因而更具说服力,也成为此后国内外学者研究发展中国家工农业部门之间劳动力流动的经典理论,进而推动了人口迁移理论研究的实质性进展。

## 二、二元经济结构理论的创新发展

尽管西方发展经济学的相关理论能够对发展中国家的乡—城人口迁移现象进行合理的描述和解释,但在中国农业转移人口的市民化研究中,上述理论模型均表现出较大的局限性,特别是无法解释独特的"中国路径"下的乡—城劳动力迁移问题。具体而言,刘易斯的二元结构模型忽视了农业转移人口的个人特征和行为理性等微观变量的重要影响,托达罗模型则忽视了城市就业制度和就业机会公平等一系列深层次原因,因而两者对中国经济社会转型期的"民工荒""流而不迁"和"半城市化"等独特现象均缺乏解释力度。

在我国,新生代农民工市民化不仅与西方国家的乡—城移民城市融入有本质区别,也表现出与农业转移人口市民化的显著差异,突出表现为新生代农民工与上一代农民工和其他农业转移人口因代际特征和需求异质性,在外出动机、利益诉求和市民化意愿等方面呈现出典型的个性化特征,因此其市民化路径无法简单套用传统发展经济学的理论模型进行分析。对此,国内以刘传江为代表的学者提出了农民市民化"两阶段转移理论"[①],对当前以新生代农民工为代表的农业转移人口市民化问题具有较强的解释力度,因而得到了学界较为普遍的认同。具体来看,该理论认为我国乡—城人口迁移并不像西方国家那样是从农民到市民的一次性转变,而是呈现出"中国路径"下迥然不同的特征,即我国农业转移人口市民化需要经历从农民到农民工,再从农民工到市民的"两阶段转移",而非从农民到市民的彻底、同步、合一转变。换言之,我国农业转移人口市民化的进程被割裂成了两个子过程(见图2-1)。

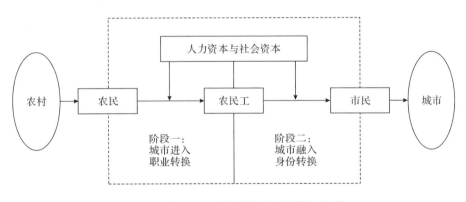

**图 2-1　农民工市民化的"两阶段转移理论"**

在图 2-1 中,我国工业化和城市化进程中农民向市民转化的过程被划分为"城市进入"和"城市融入"两个阶段,分别对应农民工市民化的"职业转

① 刘传江,周玲.社会资本与农民工的城市融合[J].人口研究,2004(5):12-18.

换"和"身份转换"特征。在工业化早期的西方国家,乡—城移民的城市融入进程与移民的地域转移、职业转换和身份转变三个环节是同步完成的,即二元经济结构模型暗含的是"一步转移理论"。但我国自 1958 年实施二元户籍制度以来,城市和农村事实上被人为分割成两个相互独立的区间,劳动人口也被相应区分为农业人口和城市人口,农村人口向城市迁移受到了严格限制。

20 世纪 80 年代后,随着社会主义市场经济的不断发展,我国传统计划经济体制下严格的乡—城人口控制政策渐趋松动,人口流动迁移逐渐成为经济社会发展中的常态。但是,由于户籍制度及依附于其上的相关社会福利制度的制约,传统制度的"遗产效应"仍然长期存在,并在就业、入学、社会保障、住房等多个方面对农业转移人口市民化形成了现实障碍。据此,刘传江、程建林提出了著名的"双重户籍墙"概念,即以户籍制度为代表的"显性户籍墙"和依附于其上的相关社会福利制度构成的"隐性户籍墙",在二者的共同作用下我国农村劳动力向城市迁移的过程被分割成三个阶段:农村退出、城市进入、城市融入。[①] 这在一定程度上引证了唐斌提出的"双重边缘人"概念,即农民工虽然长期在城市工作和生活,但其在经济收入、政治权利和社会交往等方面均无法享受与城市市民相对等的待遇,因此逐渐成为既游离于城市主流生活之外,又无法回归农村的"双重边缘人"。[②]

基于上述分析,刘传江、程建林指出,当前我国农村剩余劳动力转移面临的首要问题是促进农民工市民化,即"两阶段转移理论"中的城市进入和城市融入阶段,而非一些学者所说的"农民市民化"或"农村人口城市化"问

---

[①] 刘传江,程建林.双重"户籍墙"对农民工市民化的影响[J].经济学家,2009(10):79-87.

[②] 唐斌."双重边缘人":城市农民工自我认同的形成及社会影响[J].中南民族大学学报,2002(1):82-89.

题。① 据此,他建议在农村剩余劳动力转移研究中用"两阶段转移理论"来代替以往的"一步转移理论"。根据该领域的后续研究,我们发现,"两阶段转移理论"被国内学者所普遍接受具有积极意义,它不仅有效解释了我国农村剩余劳动力向城市转移所面临的独特的困境,而且成为当前农业转移人口市民化研究的主流分析工具,因而具有重要的理论创新价值和现实指导意义。

# 第三节　成本—收益理论

## 一、成本—收益理论的主要内容

从马克思辩证唯物主义的观点来看,成本(cost)与收益(benefit)在任何经济条件下,对任何行为主体而言都是互为对应的存在。其中,成本作为一种行为抑制因素,是指为了获得某种收益而必须支付的相应"代价",会显著影响相关行为主体的理性决策。从成本分类来看,它可以分为货币成本和非货币成本,显性成本和隐性成本,短期成本和长期成本等。收益作为一种行为激励因素,是指付出相应成本后各主体可能获得的各种回报,同样,也可分为经济收益和非经济收益,短期收益和长期收益等。从纯经济学的角度来看,收益大于成本是行为个体进行决策的合理预期和逻辑起点,是决策制定和博弈发生的首要理性原则。在现代西方经济学研究中,"经济人"假设作为一条最基本、最首要的假设条件,也是指每个从事经济活动的个体在进行决策时,都会试图以最小的成本投入获取最大的收益产出,或者在既定

---

① 刘传江,程建林.第二代农民工市民化:现状分析与进程测度[J].人口研究,2008(5):48-57.

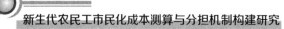

收益的情况下尽可能减少成本开支。① 简言之,成本—收益分析是西方经济学家从市场行为角度归纳出的所有微观个体的逻辑共性。

在西方早期有关乡—城移民的城市适应性探讨中,关于移民社会成本的研究主要是放在城乡二元结构的分析框架中进行的,研究视角以社会结构和社会关系为主。当然,西方研究中并没有"市民化"这个概念,使用较多的是城市融入(city inclusion)和城市融合(city integration)等概念。具体来看,西方研究主要是从两个维度展开的:一是乡—城移民的社会成本,二是国际移民的国民化成本。

### (一)关于乡—城移民的社会成本研究

刘易斯的二元经济理论最早揭示了劳动力由农村向城市迁移的经济动因,托达罗则指出工农业部门之间的预期收入差距(而非实际收入差距)是决定迁移的根本要素。在微观分析中,舒尔茨最先将成本因素纳入迁移决策分析,巴格内和李的推—拉理论提出了影响迁移的三要素(即推力、拉力和中间障碍),并将迁出地的交通状况和迁移费用等归纳为"中间障碍"。

20 世纪 80 年代后,面对西方国家日益凸显的移民"内卷化"倾向,达·凡佐强调迁移成本会对迁移意愿形成现实抑制,哈贝马斯和弗兰克·帕金也指出城市社会的集体排他体系会导致移民融入需要支付相应的"代价"。此后,随着迁移决策的主体逐渐由个人转向家庭,斯塔克提出了新劳动力迁移理论,指出移民家庭将通过衡量收入和风险的大小来决定其迁移程度,即举家迁移、部分迁移或全部不迁移。在提高移民的城市适应能力研究方面,西方学者逐渐形成了两条脉络:一是人力资本视角,如贝克尔和卢卡斯;二是社会资本视角,如波特斯和布尔迪厄。其中,后者突出强调社会关系网络对移民的迁移行为具有极其重要的推动作用。

---

① 高鸿业.西方经济学[M].北京:中国人民大学,2011:137.

**(二)关于国际移民的国民化成本研究**

20世纪70年代,西方学者开始关注乡—城人口迁移带来的城市成本增加问题,如刘易斯比较了乡—城移民增加导致的城市机场设施建设和房屋建设等成本的增加,林对发展中国家城市化的各类成本进行了总括性描述,理查德森则提出了增加国内储蓄以提高市民化成本的承受力等建议。

进入21世纪后,西方学者开始关注移民国民化成本,并在研究中逐渐形成了三条脉络。一是财政支出成本研究,如汉德森提出移民国民化成本主要包括城市基础设施建设成本和维护成本,波特提出移民国民化成本的细分指标主要包括住房成本、医疗成本、教育成本等公共服务成本;二是社会治理成本研究,如理查德森认为移民国民化成本主要是指城市发展管理成本,沃森特沃特(Versantvoort)则认为移民国民化成本还包括迁入国失业率上升等隐性成本。三是对移民国民化成本的实证测算,如卡马洛塔计算出美国政府每年要为无证移民国民化投入不少于104亿美元的公共成本,若考虑到公共服务和福利开支等相关费用,那么这一数字将可能高达288亿美元。此外,奥约洛亚和奥耶雷尔研究发现,虽然移民对政府公共成本投入的评价并不一定积极,但长期来看移民国民化对迁入国的经济发展具有显著的正向效应,例如特雷霍和博尔哈斯运用成本—收益分析法发现移民国民化后对一国经济增长的贡献会等于甚至超过原住民。

## 二、成本—收益理论的政策含义

成本—收益分析是人类进行行为决策时自觉或不自觉遵循的首要理性原则,对此国内外学者均已达成共识。但与西方学者的研究脉络不同,国内学者当前主要关注农民工市民化成本问题,侧重市民化成本的概念界定、指标构成和实证测算,进而针对各区域实际提出相应的对策建议。在研究过程中,逐渐衍生出农村劳动力转移成本、人口城市化成本、农民市民化成本、

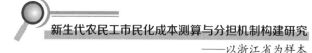

农业转移人口市民化成本等概念。从现有研究成果来看,国内学者普遍认为"农民市民化成本"和"人口城市化成本"是两个相对抽象的概念,难以依托实际变量进行精准测算,更多是一种理论性概念,主要用于说明我国农村剩余劳动力转移的一种高层次状态和目标。此外,"农村劳动力转移成本"主要侧重两阶段转移理论中的"农村退出阶段",是一个相对狭义和微观的经济变量,与农民工市民化的逻辑内涵有显著差别。因此,目前国内学者在对该问题进行分析时,更多采用"农民工市民化成本"和"农业转移人口市民化成本"这两个概念。本书在研究中统一使用"农民工市民化成本"概念,以区别于更为广义的"农业转移人口市民化成本"。

此外,相对于理论界以往关于农民工市民化问题的研究,基于成本视角的分析是近年来国内的一个新兴研究领域,体现出巨大的研究价值和挖掘潜力。总体来看,当前国内学者在该领域已经达成了一些共识:①农民工市民化成本的有效分担是破解其"半城市化"融入困境、提高城镇化质量的关键。从表面上看,农民工市民化与城市化进程脱节,根源于城乡二元体制下"双重户籍墙"的制度遗产效应,但本质上是既有利益格局下基本公共服务均等化面临较大的财政支出压力,因而各地推进迟缓。②基本明晰了农民工市民化成本的概念内涵与指标构成,并通过模型公式法进行了分地区、分项目的实证测算,从而有助于各级政府从整体上把握农民工市民化面临的成本支出压力。③认为应当结合我国国情和各区域发展实际,加快构建中央政府、地方政府、企业和农民工共同参与的多元化成本分担机制,进而通过相应的制度改革加快农民工市民化成本的有效分担。上述研究结论均为破解农民工市民化障碍提供了有效的理论支撑。

但是,国内现有研究也存在一些不足,例如:①涉及新生代农民工市民化成本的研究成果数量较少。现有成果多基于整体视角对农民工市民化成本进行均衡测算,既未区分新生代农民工的代际特征和需求差异,又未考虑其市民化的主观能动性。②缺乏一个具有较高公认度的成本评价指标体系。现有指标体系存在明显的重叠和交叉现象,研究方法以基于点或面的静态分析为主,缺乏对市民化成本的动态分析和趋势预测,不利于地方政府形成合理判断。③仅对成本分担机制提出了原则性构想,仍缺乏具体的实施方案和操作建议。④从政策导向来看,现有研究较多倡导"外生推动型"的制度改革方案,忽视了新生代农民工市民化的内在动力机制,无益于培育长效性的"内生主导型"市民化策略。

鉴于此,本书认为,今后深化对该问题的研究应当突出四个导向:①明确市民化成本的概念内涵与指标构成,结合新生代农民工的群体特征和需求异质性,尽快构建具有代表性和普适性的成本评价指标体系,改变学界目前认知不一、理解混乱的状况。②创新以静态分析为主的模型公式法,结合市民化成本的支出特点,基于更广泛的城市样本进行横向比较和动态预测,以最大限度地消除区域差异对测算结果的影响。③高度关注市民化成本的资金筹集问题,进一步明确资金来源途径及可获得性,加快构建权责对等、利益均衡的多元化成本分担机制。④加快相关领域的制度创新和政策改革,以"平行推进、相互协调"为原则,构建多层次的农民工市民化成本分担的实现路径。

# 第四节　福利多元主义

## 一、福利多元主义的主要内容

从本质上来说,社会福利的建构目的是通过一种社会公认的制度安排来满足社会成员的群体需要。[①] 20 世纪 70 年代后,面对欧洲"福利国家"

---

① Taylor R. Measuring need in the social services [A]//Gillbert N, Specht H. Planning for social welfare:issues,models and tasks. New Jersey:Englewood Cliffs,1977:297.

(welfare states)暴露出的日益增多的高福利、高税收弊端,如经济增长停滞、失业率上升、通货膨胀严重等问题,英国率先于1978年在《沃尔芬德的志愿组织的未来报告》中对"福利国家"的合理性进行了反思,提出了福利多元主义(welfare pluralism)并将其运用于英国社会政策的实践。

但是,对福利多元主义进行准确论述的,则是福利经济学家罗斯(Rose)。其在《相同的目标、不同的角色:国家对福利多元组合的贡献》一文中,提出了明确的福利多元主义的概念,即福利规则的制定、福利资金的筹集和福利服务的供给应由不同部门共同负责,而不应局限于单一的政府部门。[1] 福利多元主义最核心的观点在于主张福利供给的多元化,倡导既不完全依赖市场,也不完全依赖政府,而是应由国家、家庭、市场和志愿部门等主体共同提供,而且福利供给的来源越多越好。从福利供给的属性来看,福利多元主义也被称为混合福利经济(mixed economy of welfare)。

从福利多元主义的具体内容来看,罗斯主要从四个方面进行了论述。

第一,对"福利国家"的概念进行澄清。罗斯认为,"福利国家"是一个容易引起歧义的概念,尽管它广为人知,但会将福利供给行为误导为是政府的责任。但事实上,国家虽然是福利供给中的一个重要角色,但绝不可能也没有必要成为福利供给的"垄断"主体。

第二,主张福利供给是全社会的共同产物。罗斯指出,欧洲国家"福利病"的出现,一个很重要原因就是放弃了市场和家庭的福利供给责任,而过度放大了政府的责任。他指出,社会总福利是由家庭提供的福利、市场提供的福利和国家提供的福利三者共同组成的。市场的福利供给责任之所以重要,是因为个人要通过雇佣劳动获得福利,家庭则要从市场中购买福利,而且从长期的历史观察来看,家庭作为福利的基本提供者,其发挥的作用是十

---

① Rose R. Common goals but different roles: the state's contribution to the welfare mix [M]//Rose R, Shiratori R. The welfare state: east and west. New York: Oxford University Press,1986.

分重要而积极的。

第三,各福利供给主体应当相互结合、扬长避短。欧洲国家的历史和实践证明,由单一主体提供福利通常会导致相应的经济社会后果,如市场失灵、政府失灵和家庭失灵。罗斯也强调国家、市场和家庭作为单独的福利提供者都存在一定的缺陷,因此提出由国家提供福利以纠正市场失灵,由市场提供福利以纠正政府失灵,由国家和市场联合提供福利以纠正家庭失灵,由家庭和志愿组织提供福利以纠正市场和国家的失灵。[①]

第四,福利多元主义的核心是多元化与分散化。客观而言,罗斯提出福利多元主义的根本目的是解决福利国家的危机,因此他主张改变以往由政府大包大揽的做法,转而实行市场、家庭和志愿组织共同参与的多元化福利供给模式。在他看来,上述各部门可以根据自身的特点向社会群体提供不同类型的福利,通过降低政府在福利供给中的支配作用,改变福利提供由一个垄断性组织控制和支配的局面,进而加快福利国家向福利多元组合的转变。此外,从分散化的层面来看,福利多元主义强调福利供给的地方化和社区化,体现出强烈的"反科层制"(anti-bureaucracy)和"反专业化"(anti-specialization)色彩。[②]

## 二、福利多元主义的创新发展

尽管福利多元主义对福利国家的概念进行了澄清,并强调了福利供给来源的多元化,但从西方国家的实践来看,它仍然未能摆脱"政府失灵"的怪圈。为顺应市场化改革背景下福利需求日益多元化的趋势,20 世纪 90 年代末安东尼·吉登斯(Anthony Giddens)提出了一种新的理论范式,即超越

---

[①]　彭华民,黄叶青.福利多元主义:福利提供从国家到多元部门的转型[J].南开学报,2006(6):44-51.

[②]　王家峰.福利国家改革:福利多元主义及其反思[J].经济社会体制比较,2009(5):91-97.

"左"与"右"的"第三条道路"(the third way)。

1998年5月,吉登斯出版了《第三条道路:社会民主主义的复兴》,系统论述了"第三条道路"的内涵,并将其作为福利国家政策制定的依据。在他看来,"第三条道路"主张对民主社会主义和新自由主义进行折中与调和,强调有限的政府责任与有效的市场调节相配合,通过实现国家、社会与个人之间的责任平衡,来实现社会福利供给与经济发展水平的协调。[①] 具体来看,吉登斯"第三条道路"理论对福利多元主义的创新性发展主要体现在三个方面。

### (一) 强调政府与社会相结合的政策导向

在吉登斯看来,传统福利模式存在很大的弊端,其中民主社会主义把社会福利仅仅理解为"国家对那些需要帮助的弱者提供符合人道尊严的生活",而新自由主义则把福利供给的责任简单推向了市场。[②] 面对西方资本主义普遍存在的政府失灵和市场失灵,吉登斯强调应该扩大福利供给主体的来源,通过多元合作与责任分工的方式,将以往政府主导的全面福利提供转变为社会多部门共同提供,倡导在劳动者、企业和社会的共同参与下,重现家庭、社区和其他非正式组织的作用。[③]

### (二) 主张责任与权利相统一的改革理念

与传统福利模式相比,"第三条道路"最显著的特征就是倡导"无责任即无权利"的福利新准则,鼓励人们各尽所能,注重责任与权利的统一。在吉登斯看来,责任是健全社会的基石,"福利国家"最致命的缺陷就在于导致了

---

①　许光.新生代农民工城市融入的进程测度及政策创新研究[M].北京:中国社会科学出版社,2017:55.

②　范斌.福利社会学[M].北京:社会科学文献出版社,2006:80.

③　彭华民.福利三角中的社会排斥:对中国城市新贫困社群的一个实证研究[M].上海:上海人民出版社,2007:25.

人们对政府的过度依赖。他指出,"国家自上而下的包办造成了依赖、道德风险和官僚主义,权利和机会最终变成了自私和贪婪的动力"①。据此,他主张通过相应的社会投资策略,增强弱势群体参与社会整合的能力,培养劳动者的自我负责精神和独立意识,通过建立个人与政府之间的新型"契约关系"来减少贫困发生的可能性。

### (三) 注重救济与教育相配合的保障手段

在吉登斯看来,弱势群体就业能力和抵抗社会风险能力的低下,决定了社会福利制度不可能从根本上解决城市贫困问题,因此主张将原来安全网式的"救济福利"(relief benefits)转化为"工作福利"(work benefits),即通过促进弱势群体的有效就业实现福利救助的公平与效率相统一。吉登斯指出,国家"在任何可能的情况下都应该投资于人力资本,而不是直接给予利益",并建议从转变就业机制入手,建立以提高就业能力为核心的社会福利体系。他主张,英国政府应当采取重建公共领域、增加上下层对话、营造公共的生活环境、利用福利制度调节再分配、加强教育和培训等手段,以"可供替代的发展方案"促进公民就业,进而实现从"消极福利"(negative welfare)向"积极福利"(positive welfare)的转变。

## 三、福利多元主义的政策含义

福利多元主义作为对"福利国家"的深刻反思,打破了传统福利模式下国家与市场之间的隔阂与对立,试图通过各主体的共同参与构建多元化的福利供给路径。在此视角下,有限的政府责任能够与灵活的市场机制相结合,通过劳动者独立意识的培养和社会多元动力的激发实现有限福利资源

---

① 安东尼·吉登斯.第三条道路:社会民主主义的复兴[M].郑戈,译.北京:北京大学出版社,2000:68.

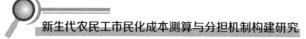

配置的帕累托改进。尽管福利多元主义也面临着一些内生性和外源性困境，但它一定程度上化解了"福利国家"的危机，并且指出了现代民主政治和社会福利制度的未来改革方向。这对处于经济社会转型期的我国而言，同样具有积极的理论参考价值。

在国内关于农民工市民化问题的研究中，基于成本视角的研究是2010年之后才开始密集出现的。在此之前，农民工"半城市化"融入困境虽然引起了国内学者的广泛关注，但改革思路均倾向于以外部赋权为核心的"政府主导模式"。例如，针对农民工人力资本缺失问题，国务院办公厅2010年发布的《关于进一步做好农民工培训工作的指导意见》指出，要"按照政府支持、市场运作的基本原则，建立促进农民工培训的多元投入机制"，但事实上长期以来我国农民工培训的主体都是各级地方政府，培训经费基本依靠各级财政资金支持（见表2-1）。

表2-1　农民工培训实施主体与培训经费来源

| 时间段 | 培训实施主体 | 培训经费承担主体 |
|---|---|---|
| 1978—1991年 | 政府（各级教育部门） | 政府 |
| 1992—2001年 | 政府（各级政府、教育和劳动部门）<br>市场（民办培训机构） | 政府、行业企业、个人 |
| 2002年至今 | 政府（各级政府、教育和劳动部门）<br>市场（企业、民办培训机构、行业培训机构）<br>社区（农民工个人）<br>民间社会（工会、共青团、妇联等） | 政府、行业企业、个人、社会资金 |

资料来源：章华丽.福利多元主义视角下农民工培训供给主体的多元化[J].成人教育，2015(1):5-8.

随着我国经济发展进入新常态，各级政府面对庞大的农民工规模、紧缩的财政资金和膨胀的市民化诉求，均对推进基本公共服务均等化采取了保守和谨慎态度；而且由于各地政府的本位主义思想严重，流入地与流出地之间的利益博弈现象突出,致使农民工市民化进程长期滞后于城镇化进程。

具体来看,福利多元主义对我国农民工市民化成本研究的政策启示主要有以下三点。

第一,应树立合作治理理念,在明确政府职能边界的基础上积极纳入其他市场主体,构建"一主多元"的成本分担模式。例如,在加快构建城乡统一的劳动力市场的基础上,充分发挥市场对劳动力资源配置的决定性作用,通过提供平等的受教育权和就业机会,增强农民工的人力资本和就业能力;在全面深化社会保障制度改革的基础上,更好地发挥政府对劳动力配置的宏观调控作用,探索建立与农民工市民化诉求相适应的新型社会保障体系,增强其抵御社会风险的能力。在政府与市场的共同作用下,逐步消解农民工市民化成本分担压力。

第二,应突出企业的福利供给作用,减轻各级地方政府的市民化成本支出压力。长期以来,农民工在城市无法享受平等的就业权和均等的福利待遇这一现象广受诟病。虽然新出台的《中华人民共和国劳动合同法》要求进一步规范企业用工行为,但从各地实际情况来看,农民工收入水平低、工作环境恶劣和劳动权益得不到保障的现象屡见不鲜。据此,应以强化企业的福利供给责任为核心,加大劳动合同的签订和检查力度,着力改善农民工就业和居住环境,分批推进农民工社保制度改革,在条件允许的情况下充分发挥企业有效分担农民工市民化成本的作用。

第三,应引导社会组织以市场化方式参与农民工市民化成本分担。从国内现有研究来看,关于农民工市民化成本分担的解决思路主要集中在政府、企业和个人层面,对社会组织作用的论述相对较少。尽管有学者提出应当大力引导非政府组织(NGO)和非营利性组织(NPO)等积极参与农民工市民化成本分担,但就参与模式和效果评估等内容仍缺乏深入的探讨。当然,不可否认的是,社会组织在教育培训、技能竞赛和职业资格鉴定等方面,对于化解外部性较强和就业"短工化"所导致的企业动力不足等问题,仍然具有积极作用。

# 第五节　新生代农民工市民化"四维度"分析框架

## 一、"四维度"分析框架的理论缘起

新生代农民工市民化是一项复杂的系统工程,涉及经济、政治、社会、文化等多方面的内容。由于农民工是我国城乡二元体制下的一种特殊产物,在西方研究中并没有直接涉及农民工市民化的研究成果,西方学者主要使用同化(assimilation)、社会适应(social adaption)、社会吸纳(social inclusion)和社会并入(social incorporation)等概念对乡—城移民的城市融入问题进行探讨,并逐步形成了以人力资本和社会资本为主要工具的分析框架。[①]

在对乡—城移民的城市适应性进行具体分析时,西方学者主要采用多维度的测量方法,并在研究中形成了两条脉络:一是以社会结构和文化为标准的"二元划分法"模型,二是基于结构性融入、社会文化性融入和政治合法性融入的"三维度"方法模型。在前述研究的基础上,德国学者恩泽格尔(H. Entzinger)将经济、政治、文化和主体因素纳入综合考量范畴,进一步构建了乡—城移民城市融入的"四维度"分析框架,具体从经济融入、政治融入、文化融入和社会对移民的接纳程度四个层面进行分析。[②] 虽然西方国家的移民概念相对宽泛,其城市融入进程与我国农民工市民化进程也存在显著差异,但客观而言,"四维度"分析框架对描述和分析当前新生代农民工市民化现状仍具有积极的借鉴意义。

---

①　梁波,王海英.国外移民社会融入研究综述[J].甘肃行政学院学报,2010(2):18-23.

②　王佃利,刘保军,楼苏萍,等.新生代农民工的城市融入:框架建构与调研分析[J].中国行政管理,2011(2):111-115.

据此,国内学者以恩泽格尔"四维度"分析框架的构建逻辑为依托,尝试结合中国国情和农民工市民化的显性特征进行创新,构建了基于经济、政治、社会、文化"四维度"的新生代农民工市民化分析框架。总体而言,国内学者的研究成果内容丰富、体系完整,不仅对新生代农民工市民化的相关要素进行了全面考察,而且基于现代性视角、社会分层视角和社会关系视角等提出了破解农民工市民化困境的对策建议。但是,受传统城乡二元结构的制约,国内现有研究也存在两方面的不足:一是多基于被动视角,将农民工视为结构性约束下的受动客体,忽视了其市民化的行为理性和主观能动性;二是多基于整体视角,对农民工群体进行无差异的"整体对象"分析,忽视了新生代农民工的代际特征和需求异质性。此外,从研究方法来看,国内学者虽然借鉴了恩泽格尔的"四维度"模型,但在具体的指标选择和评价指标体系构建上,仍表现出极大的差异性,不仅相关指标的重叠和交叉现象严重,而且指标分层和测算方法也不一致。

例如,王桂新、罗恩立从经济、政治、公共权益和社会关系四个层面对农民工社会融合状况进行了分析;张文宏、雷春开从经济、文化、身份和心理四个层面对城市新移民的社会融合状况进行了判断;王佃利从经济、社会、制度和文化心理四个层面对新生代农民工的城市融入状况进行了考察。[①] 显然,国内学者构建的"四维度"分析框架存在较多的不一致性,突出表现为指标的混乱和交叉现象严重,不仅影响了农民工市民化现状评价的科学性和准确性,而且无法凸显新生代农民工的代际特征和需求差异,因此有必要整合理论界现有成果,加快构建一个具有普适性、能得到学界较高认可的新生代农民工市民化"四维度"分析框架,以对农民工在两阶段转移过程中面临的市民化困境进行深入分析,进而通过构建多层次的农民工市民化实现路径进行有效的政策回应。

---

① 许光.新生代农民工城市融入进程测度及路径创新研究[J].现代商贸工业,2012(22):34-36.

## 二、新生代农民工"四维度"分析框架的构建

当前,我国新生代农民工市民化困境突出表现在经济收入水平低、政治权利边缘化、社会关系网络狭隘、文化归属感缺失四个层面。[①] 本书在借鉴恩泽格尔乡—城移民"四维度"模型的基础上,将理论界目前零散、碎片化的研究观点进行整合,并将其归纳为经济收入、政治参与、社会交往和心理认同四个维度,从而构建了既能凸显新生代农民工市民化逻辑思路,又有助于客观分析其市民化现状的"四维度"分析框架,具体如图 2-2 所示。

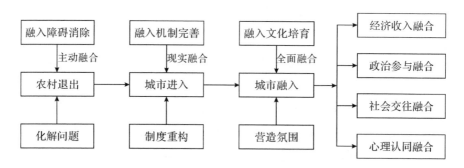

**图 2-2 新生代农民工市民化"四维度"分析框架**

在图 2-2 中,农村退出、城市进入和城市融入三个阶段从整体上揭示了新生代农民工市民化的实现路径,同时点明了各阶段的核心目标与关键任务。例如,在农村退出阶段,新生代农民工要实现从乡村农业部门向城市工业部门的转移,即空间地域的转移;在城市进入阶段,要实现从传统农业人口向现代工业人口的转变,即职业类型的转换;在城市融入阶段,要实现从流动人口向城市市民的转变,即身份特征的转变。三者相结合,共同构成新

---

① 许光.新生代农民工城市融入的进程测度及政策创新研究[M].北京:中国社会科学出版社,2017:60.

生代农民工市民化的逻辑闭环,从而揭示了"四维度"分析框架的组成结构和运行机理。

更进一步,我们可以依托该框架对新生代农民工市民化现状评价进行合理规划,明确不同阶段的政策重点及关键任务,并对各维度的指标构成和代表性指标选择进行合理预期,具体论述如下。

第一,在新生代农民工市民化的三个阶段,政府的职责范围和行为边界是不同的。在农村退出阶段,政府最主要的职责是消除新生代农民工由农村向城市转移的制度障碍,通过完善农村土地流转制度和深化农地产权改革,增强新生代农民工市民化的"先赋资本"。在城市进入阶段,政府最主要的职责是建立健全新生代农民工权利保障机制,加大对现有政策法规的调整和完善,推进基本公共服务实现全覆盖,确保农民工与市民"同工同酬"。在城市融入阶段,政府最主要的职责是发挥宏观调控作用,协调和引导社会群体和志愿组织的积极、广泛参与,通过营造开放包容的良好社会氛围,促进农民工与市民深度融合。

第二,基于"四维度"分析框架的新生代农民工市民化评价主要从经济收入、政治参与、社会交往和心理认同四个层面展开,上述各层面对市民化程度的影响效果是不同的。根据国内学者的共识,城市进入和城市融入两个阶段并非呈现出绝对的割裂状态,而通常是相互糅合、协同发展的。此外,经济资本、政治权利、社会交往和心理认同各层面的相关要素对农民工城市融入意愿和市民化程度的影响效果具有显著的代际差异特征。因此,在运用"四维度"分析框架对新生代农民工市民化问题进行分析时,应特别注重成本评价指标体系的构建,具体应突出两个导向:一是应在已有评价指标体系的基础上,选取能凸显新生代农民工代际特征和行为模式的细分指标;二是应注重各指标的科学性和数据可获得性,尽量避免不同维度各指标之间的重叠和交叉现象。

由于篇幅所限,此处暂不对评价指标体系各分层指标的选取进行详细探讨,具体内容将在本书第四章第五节进行论述。但需要指出的是,基于

"四维度"分析框架对新生代农民工市民化问题进行研究具有重要的理论和实践意义。一方面,该模型有助于整合理论界现有零散、碎片化的研究成果,为后续研究提供一个更为规范严谨的理论范式,从而在整体上系统把握新生代农民工在经济收入、政治参与、社会交往和心理认同等各维度的市民化状况;二是"四维度"分析框架事实上蕴含着新生代农民工市民化的行为逻辑,能够更加准确地揭示制约其市民化进程的深层次根源,对于实现党的十九大报告提出的"加快推进农业转移人口市民化"的战略目标具有重要意义。

此外,从"四维度"分析框架的组成要素来看,它还能够对当前国内学者的一些争论进行有效回应。例如,为加快促进新生代农民工市民化,各级政府应当"全面放开户籍制度"还是采取"渐进式改革"的行为模式,从图2-2可以看出,在目前新生代农民工市民化进程被分割成农村退出、城市进入和城市融入的现实情况下,最理性的改革方案是采用"模块化"的推进策略,以全面深化户籍制度改革为依托,逐步剥离附着在其上的相关社会福利制度,最终打破"双重户籍墙"对新生代农民工市民化的制约。

# 本章小结

本章研究的核心目标是为后续新生代农民工市民化成本测算及分担机制构建奠定扎实、有效的理论基础。尽管国内外学者对工业化和城市化进程中的乡—城移民问题进行了系统研究,但由于中国的农民工市民化在背景、进程和实现路径上均与西方国家呈现出明显差异,因此以发展经济学为代表的二元结构理论等主流模型的解释力度都受到了很大限制。例如,它们虽然揭示了乡—城移民城市融入的内在动因、流动趋势和共性规律,但却无法解释中国特有的"民工荒""半城市化"和"流而不迁"等现象。究其原因,一是西方研究的假设前提过于苛刻,通常并不符合绝大多数发展中国家的实际情况(如农村剩余劳动力的无限供给);二是经典模型仅从抽象层面考察了人口流迁现象,往往忽视了移民个体特征对其行为决策的影响;三是现有研究的视角相对被动,大多将乡—城移民放在社会行为的框架下进行分析,忽视了其行为理性和城市融入的主观能动性,因此政策导向均倾向于强调以外部赋权为核心的"政府主导模式"(government-oriented model)。

据此,本章在传统主流分析范式的基础上,尝试创新性地引入成本—收益理论和福利多元主义,以构建既能凸显新生代农民工代际特征,又具有较强的针对性和可操作性的"四维度"分析框架。具体来看,本书理性看待新生代农民工这一"过渡性群体"的特殊身份,将其市民化进程划分为农村退出、城市进入和城市融入三个阶段,并分别探讨了各阶段的核心目标和政策重点,进而为构建新生代农民工市民化的良性循环模式和政策体系框架奠定了基础。同时,结合"四维度"分析框架的分层指标,可以从经济收入、政治参与、社会交往和心理认同四个层面,系统、科学地考察新生代农民工的市民化现状,进而探究制约其市民化进程的相关因素,这对有效破解市民化困境显然具有积极意义。

总体来看,本章研究的重点有三个:一是通过引入成本—收益理论,尝试推动研究视角由新古典主义转向成本—收益分析,变被动的"问题视角"为积极的"主体视角",以凸显新生代农民工市民化的行为理性和主观能动性;二是通过引入福利多元主义,提出了构建"一主多元"福利供给模式的创新思路,从而为后文构建多元化成本分担机制奠定了基础,有助于明确各主体的职责范围和分担比例,减轻成本支出压力带来的政策推行阻力;三是通过构建"四维度"分析框架,明确了新生代农民工市民化的演进逻辑、关键环节和重点任务,不仅有助于整合理论界现有零散、碎片化的研究成果,而且论证了采用"模块化"推进策略实现新生代农民工"渐进式"市民化的政策逻辑。

# 第三章　浙江省新生代农民工的
# 群体特征与市民化现状

农民工作为我国城乡二元体制下的一种特殊产物,其市民化进程对解决"三农"问题、扩大内需、提高城镇化水平等具有重要意义。随着农民工群体的代际分化,新生代农民工目前已成为农民工群体的主体,并在我国经济社会发展中发挥着日益重要的作用。《2016年中国农民工监测调查报告》显示,2016年我国农民工总量高达2.82亿人,较2015年同比上升1.53%,而且农民工主体正由60后转变为80后的"新生代农民工"。[①] 从外出动机、行为模式和市民化意愿等方面来看,新生代农民工均表现出与上一代农民工明显不同的特质,因此沿用传统的理论工具和分析方法探讨新生代农民工市民化问题具有一定的局限性。鉴于此,本章在对新时期加快推进新生代农民工市民化进程的重要意义进行论述的基础上,以我国东部沿海地区的流动人口大省浙江省为例,系统分析了新生代农民工的群体特征、类型分化和需求异质性,进而基于"四维度"分析框架对其市民化现状进行了客观判断。本章研究的目的是为第四章新生代农民工市民化成本评价指标体系构建奠定现实基础,为各分层指标的选择和测算方法的确定提供

---

① 2017年中国农民工数量、平均年龄统计及新生代农民工占总体农民工比例[EB/OL]. (2017-07-18)[2018-05-13]. http://www.chyxx.com/industry/201707/542098.html.

理论支撑,进而增强实证研究的科学性、针对性和有效性。

# 第一节　新生代农民工市民化的价值意蕴

新生代农民工作为当前我国农业转移人口市民化的主体,是市民化意愿最强且最有可能优先实现市民化的群体。21 世纪以来,党中央高度重视农民工市民化问题,党的十八大报告和《国家新型城镇化规划(2014—2020年)》均提出"有序推进农业转移人口市民化"的战略目标[①],党的十九大报告再次提出要"加快农业转移人口市民化"[②]。从这个意义上说,加快推进新生代农民工市民化进程,是推进"以人为核心"新型城镇化发展、提高新型城镇化质量的内在要义,是全面贯彻落实共享发展理念的现实抓手,对加快推进基本公共服务均等化、实现社会福利资源配置的帕累托改进等具有重要的现实意义。从学理价值来看,新生代农民工市民化在决胜全面建成小康社会新阶段,是事关"十三五"乃至更长历史时期我国民生建设和民生发展目标能否顺利落实的关键,是实现"两个一百年"奋斗目标和中国梦宏大蓝图的重要内容。具体来看,当前加快推进新生代农民工市民化的价值意蕴突出表现在以下三个方面。

## 一、加快新生代农民工市民化是中国共产党性质和宗旨的直接表达

中国共产党是无产阶级的政党,人民立场是中国共产党的根本政治立场。在新时代中国特色社会主义建设的伟大实践中,我们党和国家的一切

---

① 　国家新型城镇化规划(2014—2020 年)[EB/OL]. (2016-05-05))[2018-05-13]. http://ghs. ndrc. gov. cn/zttp/xxczhjs/ghzc/201605/t20160505_800839. html.

② 　习近平. 在中国共产党十九次全国代表大会开幕式上的讲话[EB/OL]. (2017-10-18)[2018-05-13]. http://cpc. people. com. cn/n1/2017/1028/c64094-29613660. html.

工作都要以人民为中心,强调要始终把人民的利益放在最高位置来思考,把满足人民群众的需要作为全面深化改革的战略目标。党的十八大以来,习近平总书记站在我国经济社会转型的历史新方位,旗帜鲜明地提出"人民对美好生活的向往,就是我们的奋斗目标"①,"让老百姓过上好日子是我们一切工作的出发点和落脚点"②,"检验我们一切工作的成效,最终都要看人民是否真正得到了实惠,人民生活是否真正得到了改善,人民权益是否真正得到了保障"③。总书记的这些论断不仅有效回答了"改革为了什么""改革依靠什么""改革要实现什么"这三个核心命题,而且阐明了我们党"为人民服务"的核心理念和"立党为公、执政为民"的朴素性质,是新时代党的伟大奋斗目标和最广大人民群众切身利益的有机统一与直观表达。

长期以来,在共产党领导下的中国特色社会主义伟大建设的历史实践中,党中央所有工作的中心其实都是围绕一个核心命题,即"为谁执政、靠谁执政、怎样执政"。特别是党的十八大以来,习近平总书记在多个重要场合反复强调,我们所有工作的基本出发点和最终落脚点是为了更好地保障和改善民生,并且强调要在全面深化改革的相关政策制定中,始终把"以民为本"作为贯穿所有工作不可动摇的一条主线。从这个意义上说,新生代农民工市民化作为我国加快推进新型城镇化发展中的一项历史性、关键性任务,就具有极为重要的理论价值和实践意义,其实现效果的好坏直接关乎中国共产党执政的合理性和有效性。

一方面,加快新生代农民工市民化是马克思主义唯物史观"以人民为主体"思想在中国特色社会主义建设新时代的具体演绎。在马克思主义经典

---

① 中共中央文献研究室.十八大以来重要文献选编(上)[M].北京:中央文献出版社,2014:70.

② 中共中央宣传部.习近平总书记系列重要讲话读本[M].北京:人民出版社,2014:109.

③ 习近平在纪念毛泽东同志诞辰120周年座谈会上的讲话[N].人民日报,2013-12-27(01).

作家的论述中,人民群众是历史的创造者,是社会的实践者,是社会物质财富和精神财富的创造者和拥有者,是社会变革的内在动力和决定性力量。马克思曾旗帜鲜明地指出,历史活动归根到底是群众的事业。新生代农民工市民化之所以重要,是因为它是我国全面深化改革的一项重要内容,是更好地保障和改善民生的具体目标,是全面贯彻落实共享发展理念的现实抓手。习近平总书记在论述新时代我国民生建设和民生事业发展的有关内容时,特别指出要高度尊重人民在历史实践和社会主义建设中的主体作用,要把新时期民生工作的核心目标定位于"实现人的全面发展"。显然,加快新生代农民工市民化的顺利推进,不仅是新时代中国特色社会主义建设取得成功的关键,而且是马克思主义经典理论与当代中国社会主义实践相结合的创新性发展,更是马克思主义中国化取得的最新成果。

另一方面,加快新生代农民工市民化,是对中国共产党历代领导集体民生智慧的丰富和深化。客观而言,新生代农民工市民化是新时代我国民生建设的一项具体问题,它不是单纯依靠政策制定和体制改革就能一蹴而就的。相反,它是具体的、历史的,是系统的、复杂的,需要党和国家高度重视、审慎看待、适时推进、合理解决。纵观新中国成立以来我们党历代领导集体看待和处理民生问题的思路,可以发现,从毛泽东同志提出的"全心全意为人民服务"的朴素理念,到邓小平同志"三个有利于"标准中关于"是否有利于提高人民生活水平"的论述,到江泽民同志提出的"三个代表"重要思想,再到胡锦涛同志提出的"科学发展观",人民立场始终牢固贯穿在中国共产党的行为逻辑和价值理念之中。[①] 面对新形势新任务,以习近平同志为核心的党中央站在党和国家命运的新高度,重新审视了我国民生建设和民生事业发展的战略目标、关键环节和重点任务,把"加快农业转移人口市民化"作为全面建成小康社会的重要内容,不仅是对中国共产党性质和宗旨的直观

---

① 许光.习近平民生思想的价值意蕴与理论创新[J].当代世界与社会主义,2017(5):110-118.

表达,而且创新和丰富了民生概念的科学内涵,是新的历史条件下新型城镇化建设取得突破性发展的有效保障。

## 二、加快新生代农民工市民化能够全面彰显中国特色社会主义制度的优越性

早在 20 世纪 80 年代末,面对"什么是社会主义、如何建设社会主义"这一核心命题,邓小平同志就明确提出,"贫穷不是社会主义,社会主义要消灭贫穷"。在他看来,"社会主义的本质是解放生产力、发展生产力、消灭剥削、消除两极分化,最终达到共同富裕",并且指出"我们建立的社会主义制度是个好制度,必须坚持"。[①] 显然,以公平为导向把人民群众对美好生活的向往转变为现实,是我们党领导社会主义现代化建设的根本目标和价值取向,是中国特色社会主义制度优越性的直接体现。从这个意义上说,面对经济发展新常态和社会结构转型的特殊背景,以习近平同志为核心的党中央再次强调保障和改善民生的重要性,是对中国特色社会主义制度优越性的深刻理解和自觉践行,而加快新生代农民工市民化作为我国民生建设的关键一环,直接关乎农业转移人口对我国全面深化改革成效的认可度和切身感受,其成效对全面建成小康社会、加快实现共同富裕等具有不可忽视的重要意义。

一方面,加快新时代农民工市民化有利于增强人民群众对全面深化改革的认同感。与以往的民生建设目标和民生发展理念相比,中国特色社会主义制度之所以具有不可替代的优势,主要在于它把民生改善作为经济发展和社会建设的核心目标,把实现人的全面发展作为深化改革的价值导向,把增强人民群众的获得感作为衡量改革成效的重要标尺。[②] 党的十八大以

---

① 邓小平文选[M].北京:人民出版社,1993.
② 许光.习近平民生思想的价值意蕴与理论创新[J].当代世界与社会主义,2017
(5):110-118.

来,习近平总书记针立足我国社会主义初级阶段的基本国情,创造性地提出了一系列关于民生建设的新思想新观点新理念,做出了"民生是经济社会发展'指南针'"①等一系列重要论述,不仅明确了我国社会主义建设的价值目标,而且为下一阶段经济社会的可持续发展指明了方向。在"十三五"规划建议中,习近平总书记明确提出"必须把增进人民福祉、促进人的全面发展作为发展的出发点和落脚点",而新生代农民工市民化作为其中不可忽视的重要一环,其成效直接关乎人民群众对我国全面深化改革的切身感受和普遍认知,其重要性不言而喻。

另一方面,加快新生代农民工市民化是实现"人民对美好生活向往"战略目标的明确指引。历史和实践证明,在任何国家的任何历史时期,民生发展都是一项艰巨复杂的系统工程,既不可能一蹴而就,也不可能一劳永逸。为了更好地保障和改善民生,我们党自觉运用马克思辩证唯物主义和历史唯物主义观点,对新时期社会主义民生建设的具体内容进行了深入思考和系统谋划,将以新生代农民工为主体的农业转移人口市民化问题提高到加快推进新型城镇化建设、全面贯彻落实共享发展理念的历史新高度来看待,这是具有理论创新价值和实践指导意义的。例如,在十八届一中全会后举行的媒体见面会上,习近平总书记明确提出,"我们的人民热爱生活,期盼有更好的教育、更稳定的工作、更满意的收入、更可靠的社会保障、更高水平的医疗卫生服务、更舒适的居住条件、更优美的环境,期盼着孩子们能成长得更好、工作得更好、生活得更好"②,这一论述既从宏观层面明确了新时期我国民生建设的战略目标,又从微观层面指出了当前民生工作的主要矛盾和关键问题;既深化和丰富了民生概念的内涵与范畴,又阐明了我国民生事业

---

① 习近平在吉林调研[EB/OL].(2015-07-19)[2018-05-13].http://www.xinhuanet.com/politics/2015-07/18/c_1115967338.htm.

② 习近平.始终与人民心心相印、同甘共苦[EB/OL].(2012-11-15)[2018-05-13].http://news.ifeng.com/mainland/special/zhonggong18da/content-3/detail_2012_11/15/19194746_0.shtml.

发展的具体任务和现实要求,与中国特色社会主义制度优越性内在统一。

## 三、新生代农民工市民化是实现中华民族伟大复兴中国梦的必然要求

中国梦是党和国家站在决胜全面建成小康社会和实现"两个一百年"奋斗目标历史新阶段做出的宏伟判断。从内容上说,中国梦是要实现国家富强、民族振兴、人民幸福;从属性上说,中国梦归根结底是人民的梦,是以"为人民谋求全方位的幸福生活,促进人与社会的全面发展"为核心目标的民生全面发展之梦。[①] 在经济发展新常态和社会结构转型的背景下,不同社会群体的利益诉求更加复杂多样,要实现"中国梦"既要寻求改革的"最大公约数",又要关注突出矛盾和关键问题;既要尊重人的主体尊严,又要切实增强人民的幸福感、获得感。从这个意义上说,新生代农民工市民化作为当前最普遍农业转移人口的现实需求,凸显了社会主义民生建设目标与人民利益诉求的有机结合,是实现中国梦不可忽视的重要一环。

首先,加快新生代农民工市民化有助于为实现中国梦凝聚强大动力。中国梦的实现不是空中楼阁,不能无中生有,而是要切实依靠几亿人民的辛勤劳动和艰苦奋斗实现的。新生代农民工作为当前农民工群体的主体,事实上已成为城市产业工人的重要组成部分,他们数量庞大、年龄较轻、知识结构合理,更容易接受城市先进理念和现代化行为模式的熏陶,因而成为农业转移人口中最可能实现优先市民化的群体。将新生代农民工市民化作为新时期我国民生建设的关键内容和主攻方向,是有效寻求全面深化改革"最大公约数"的内在要求,有助于为实现中国梦凝聚强大群众基础,提供持久"动力源"。

其次,加快推进新生代农民工市民化进程有助于明确中国梦的具体实

---

① 陈宇洁.论中国特色社会主义民生思想与中国梦的双向建构[J].理论导刊,2014(10):23-29.

现路径。中国梦是伟大的、光荣的,但同时也是具体的、历史的,它的实现取决于我国民生建设各个领域体制机制改革能否顺利深入,特别是在就业、教育、住房、社会保障和收入分配等领域必须出真招、见实效,通过解决好人民群众最关心最直接最现实的利益问题,让人民生活得更加富足、更有尊严。长期以来,加快推进新生代农民工市民化之所以困难重重,主要原因是基本公共服务均等化建设滞后,农民工群体的基本发展机会和基本发展权利等难以得到有效保护。对此,习近平总书记指出,"中国人民……共同享有人生出彩的机会,共同享有梦想成真的机会,共同享有同祖国和时代一起成长与进步的机会"①,必须树立"民生改善和经济发展有效对接、相得益彰"②的新发展理念,进一步"解放和发展社会生产力,努力解决群众的生产生活困难"③,为实现中华民族伟大复兴凝聚强大的中国力量。

## 第二节　浙江省新生代农民工的群体特征

与上一代农民工相比,浙江省新生代农民工在外出动机、行为模式、市民化意愿等方面均表现出一定的特殊性,运用传统主流理论分析其市民化困境存在一定的局限性。因此,要科学准确地测算新生代农民工市民化成本,就需要对其群体特征和代际差异进行系统研究,从而为科学判断其市民化进程提供有效依据。根据学术界主流的研究脉络,本节主要根据实证调研和问卷调查数据,从新生代农民工的外出动机、代际特征、就业态势、留城

---

①　习近平提"人民共同享有人生出彩的机会"鼓舞人心[EB/OL].(2013-03-17)[2018-05-13].http://opinion.people.com.cn/n/2013/0317/c1003-20816380.html.

②　习近平.在部分省区党委主要负责同志座谈会上的讲话[N].人民日报,2015-07-20(1).

③　中共中央文献研究室.十八大以来重要文献选编(上)[M].北京:中央文献出版社,2014:70.

意愿和行为方式五个方面进行分析。

# 一、外出动机从"生存型"向"发展型"转变

在新古典主义研究框架下,乡—城移民的迁移动机主要被概括为城市工业部门和农村农业部门之间的"预期收入差距",即获取更高的经济回报是农村剩余劳动力向城市迁移最主要的目标。在运用传统经典理论对我国农民工问题进行分析时,可以发现,以二元结构理论和社会资本理论等为代表的主流理论具有较强的解释力度,但上述理论被运用于新生代农民工问题研究时,却表现出明显的不确定性。究其原因,主要在于新生代农民工的外出动机与上一代农民工有明显区别,他们不再以追求直接的经济回报为最根本的目标,而是为了寻求对自身发展和家庭条件改善更为有利的机会与条件。换言之,获取经济回报之外的非经济收益成为新生代农民工向城市迁移和定居更加看重的决策因素。

根据近年来国家统计局发布的一系列全国农民工监测调查报告,对新生代农民工外出动机的考察可以从以下两个方面进行。

## (一)外出意愿和从业选择

从外出意愿和从业选择来看,新生代农民工更加倾向于外出就业和从事非农产业。如图 3-1 所示,就 20~29 岁和 40~49 岁这两个年龄段的农民工群体而言,两者选择"外出就业"的比例分别为 49.3％和 11.7％,选择"本地非农"的比例分别为 13.2％和 21.1％,选择"本地务农"的比例分别为 37.6％和 67.2％。① 显然,从国家统计局公布的数据来看,新老两代农民工群体的外出意愿与其年龄特征成反比,从事非农产业的意愿与年龄特征成反比,从事本地

---

① 国家统计局.2016 年农民工监测调查报告[EB/OL].(2017-04-28)[2018-5-13]. http://www.stats.gov.cn/tjsj/zxfb/201704/t20170428_1489334.html.

农业生产的意愿与年龄特征成正比。简言之,新生代农民工比上一代农民工更加倾向于外出追求非农就业,传统农业生产对他们的吸引力大幅下降。

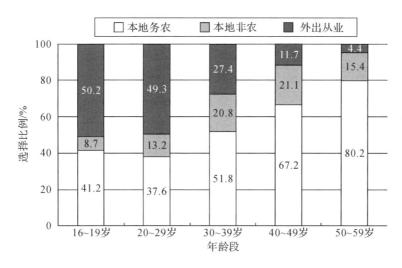

图 3-1　不同年龄段农民工的外出意愿和从业选择比较

### (二)进城动机

从进城打工的目的来看,选择"挣钱养家"的新老两代农民工的比例分别为 18.14％和 54.46％,而选择"见世面"的比例分别为 12.69％和 10.69％,选择"学本事"的比例分别为 37.52％和 23.09％,选择"换环境"的比例分别为 23.15％和 8.55％(见图 3-2)。[①] 显然,与上一代农民工相比,新生代农民工的进城目的更加明确,除了传统以满足照顾家庭为主的进城动机之外(占比 18.14％),他们更加看重在城市学习技术的机会(占比 37.52％),希望摆脱以往生活状态感受城市新鲜生活的人也不在少数(占比 23.15％)。

---

① 许光.新生代农民工城市融入的进程测度及政策创新研究[M].北京:中国社会科学出版社,2017:74.

换言之,除了8.5%左右缺乏明确进城目的的人,新生代农民工进城的价值导向已经由"获取经济回报支撑家庭生活"转变为"促进自我发展和实现自我提升",而上一代农民工在这方面是十分欠缺的。

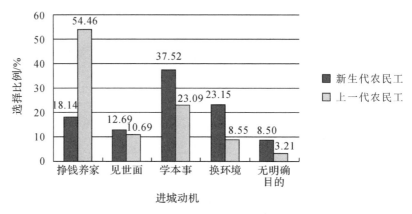

图3-2　新老两代农民工的进城动机比较

## 二、"三高一低"特征明显,市民化条件更加成熟

在以往关于农民工市民化困境的研究中,人力资本缺失被认为是制约其市民化程度提升的重要因素。随着农民工群体的代际分化,新生代农民工由于年龄较轻、知识结构更加合理,因此接受和学习新鲜事物的能力比上一代农民工更加突出,在生活方式和价值理念等方面也更加容易向市民靠拢,因此在市民化条件的比较研究中,新生代农民工被认为是最有可能优先实现市民化的农业转移人口群体。作为新时期我国城市产业工人和工商业者的真实主体,新生代农民工目前已经完成了从"亦工亦农"向"全职非农"的职业身份转变,王春光将其显著区别于上一代农民工的市民化优势概括为"三高一低",即"受教育程度高、职业期望值高、物质和精神享受要求高、工作耐受力低"。[①]

---

① 王春光.中国社会政策调整与农民工城市融入[J].探索与争鸣,2011(5):8-14.

表 3-1 比较了不同农民工群体的人力资本特征,从受教育程度来看,新生代农民工的平均受教育年限接近 10 年,比上一代农民工群体的 8.8 年有显著提高。更进一步,从分类别的文化程度来看,新生代农民工中占比最高的是初中学历(64.4%),其次为高中学历(13.5%),再次为中专学历(9.0%),小学和大专及以上的比例均浮动在 6.4% 左右。总体来看,新生代农民工的受教育程度呈橄榄形分布,主要集中在"初中"区间,高端教育者和低素质者的比例"双低"。与新生代农民工相比,上一代农民工和农村从业劳动力的"小学"比例明显更多,中专及以上比例更少,反映出人力资本缺失的典型特征。[①]

表 3-1　不同农民工群体的人力资本特征比较

| | | 农村从业劳动力 | 外出农民工 | | |
| --- | --- | --- | --- | --- | --- |
| | | | 合计 | 上一代农民工 | 新生代农民工 |
| 受教育年限/年 | | 8.2 | 9.4 | 8.8 | 9.8 |
| 文化程度/% | 不识字或识字很少 | 6.6 | 1.1 | 2.2 | 0.4 |
| | 小学 | 24.5 | 10.6 | 16.7 | 6.3 |
| | 初中 | 52.4 | 64.8 | 65.2 | 64.4 |
| | 高中 | 11.2 | 13.1 | 12.4 | 13.5 |
| | 中专 | 3.1 | 6.1 | 2.1 | 9.0 |
| | 大专及以上 | 2.2 | 4.3 | 1.4 | 6.4 |

更进一步,再考察两代农民工群体接受技能培训的情况,可以发现近年来各年龄段农民工接受技能培训的比例均有所提高。由于国家统计局自 2015 年之后未公布分年龄段的农民工技能培训数据,因此本节采用《2014

---

① 国家统计局.新生代农民工的数量、结构和特点[EB/OL].(2011-03-11)[2018-05-13].http://www.stats.gov.cn/ztjc/ztfx/fxbg/201103/t20110310_16148.html.

年全国农民工监测调查报告》的数据进行分析,具体如表 3-2 所示。①

表 3-2　分年龄段农民工群体接受技能培训的情况　　　　（单位:％）

| | 接受过技能培训 | | 接受过农业技能培训 | | 接受过非农职业技能培训 | |
|---|---|---|---|---|---|---|
| | 2014 年 | 2013 年 | 2014 年 | 2013 年 | 2014 年 | 2013 年 |
| 合计 | 34.8 | 32.7 | 9.5 | 9.3 | 32.0 | 29.9 |
| 20 岁及以下 | 32.6 | 31.0 | 6.0 | 5.0 | 31.4 | 29.9 |
| 21～30 岁 | 38.3 | 35.9 | 6.0 | 5.5 | 37.0 | 34.6 |
| 31～40 岁 | 36.1 | 34.1 | 8.8 | 9.1 | 34.0 | 31.8 |
| 41～50 岁 | 33.7 | 32.1 | 12.6 | 12.7 | 29.9 | 27.8 |
| 50 岁以上 | 28.8 | 25.9 | 12.7 | 12.4 | 24.0 | 21.2 |

由表 3-2 可知,2014 年接受过技能培训的农民工比例较去年同期整体上升了 2.1％。再综合比较 21～30 岁和 41～50 岁两个年龄段的农民工群体,可以发现三个显著特点:①前者接受技能培训比例的增长幅度(2.4％)明显高于后者(1.6％);②前者接受非农职业技能培训的比例(37.0％)明显高于后者(29.9％);③前者接受农业技能培训的比例(6.0％)明显低于后者(12.6％)。总体而言,两代农民工群体接受技能培训的情况与其代际特征密不可分,一定程度上也与其就业领域和从业习惯存在正相关关系。但毫无疑问,新生代农民工在接受非农职业技能培训上的优势使其实现市民化的先决条件更加充分。

### 三、就业领域相对集中,呈现出明显的行业集聚态势

根据国家统计局最新公布的数据,当前我国农民工群体的就业分布呈

---

① 国家统计局. 2014 年全国农民工监测调查报告［EB/OL］.（2015-04-29）［2018-05-13］. http://www.stats.gov.cn/tjsj/zxfb/201504/t20150429_797821.html.

现出明显的集聚态势(见表 3-3),主要集中在第二产业领域和第三产业领域,就业比例分别为 55.1%和 44.5%。其中,第二产业领域制造业的就业比例为 31.1%,明显高于建筑业的就业比例 21.1%,而且相比 2015 年,该领域就业比例降幅为 1.4%,高于制造业就业比例 0.6%的降幅。究其原因,主要是以 80 后为主的新生代农民工更多集中在制造业领域就业,而不像上一代农民工以建筑业为主。同时,在第三产业的就业分布中,可以看出,2016 年我国农民工群体在批发和零售业、交通运输业、住宿和餐饮业、社会服务业等领域的就业比例分别为 12.3%、6.4%、5.9%和 11.1%,而且上述比例均比 2015 年有相应增长。[①]

表 3-3　2016 年我国农民工群体的就业行业分布　　　(单位:%)

|  | 2015 年 | 2016 年 | 增减 |
|---|---|---|---|
| 第一产业 | 0.4 | 0.4 | 0.0 |
| 第二产业 | 55.1 | 52.9 | −2.2 |
| 　　制造业 | 31.1 | 30.5 | −0.6 |
| 　　建筑业 | 21.1 | 19.7 | −1.4 |
| 第三产业 | 44.5 | 46.7 | 2.2 |
| 　　批发和零售业 | 11.9 | 12.3 | 0.4 |
| 　　交通运输、仓储和邮政业 | 6.4 | 6.4 | 0.0 |
| 　　住宿和餐饮业 | 5.8 | 5.9 | 0.1 |
| 　　居民服务、修理和其他服务业 | 10.6 | 11.1 | 0.5 |

　　由于国家统计局自 2015 年以来没有公布基于年龄分层的农民工就业指标,因此我们参考 2011 年的数据,对新生代农民工和上一代农民工在第二产业和第三产业中的就业行业分布进行分析(见表 3-4)。[②]

---

①　国家统计局.新生代农民工的数量、结构和特点[EB/OL].(2011-03-11).[2018-05-13].http://www.stats.gov.cn/ztjc/ztfx/fxbg/201103/t20110310_16148.html.

②　国家统计局.新生代农民工的数量、结构和特点[EB/OL].(2011-03-11)[2018-05-13].http://www.stats.gov.cn/ztjc/ztfx/fxbg/201103/t20110310_16148.html.

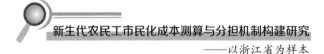
表 3-4　基于代际分化的农民工就业行业分布　　　　（单位:%）

|  | 外出农民工 | | |
|  | 合计 | 上一代农民工 | 新生代农民工 |
| --- | --- | --- | --- |
| 第二产业 | 56.4 | 59.3 | 54.2 |
| 　制造业 | 39.1 | 31.5 | 44.4 |
| 　建筑业 | 17.3 | 27.8 | 9.8 |
| 第三产业 | 43.6 | 40.7 | 45.8 |
| 　交通运输、仓储和邮政业 | 5.9 | 7.1 | 5.0 |
| 　批发和零售业 | 7.8 | 6.9 | 8.4 |
| 　住宿和餐饮业 | 7.8 | 5.9 | 9.2 |
| 　居民服务和其他服务业 | 11.8 | 11.0 | 12.4 |
| 　其他行业 | 10.3 | 9.8 | 10.8 |

　　由表 3-4 可知,新生代农民工在第二产业领域的就业比例低于上一代农民工,在第三产业领域的情况则正好相反,二者就业比例分别为 45.8% 和 40.7%。从行业细分指标来看,新生代农民工在第三产业领域中就业比例最高的是居民服务和其他服务业,占比 12.4%;其次为住宿和餐饮业,占比 9.2%;再次为批发和零售业,占比 8.4%;最后为交通运输、仓储和邮政业,占比 5.0%。从新老两代农民工的就业情况对比来看,除了交通运输、仓储和邮政业中上一代农民工的就业比例(7.1%)高于新生代农民工之外,其在第三产业领域中其他细分行业的就业比例均低于新生代农民工。究其原因,主要在于新生代农民工的年龄较轻、受教育程度更高、更容易接受城市生活方式和行为理念,因此更加适应现代服务业的需要。而且相对于建筑业等传统产业领域,新生代农民工更加注重工作条件是否良好、职业前景是否明朗,印证了表 3-4 中新生代农民工在建筑业的就业比例(9.8%)明显低于上一代农民工的就业比例(27.8%)。

## 四、市民化意愿强烈,返乡意愿和返乡能力"双低"

　　如前所述,新生代农民工作为当前我国城市产业工人的新兴力量和重要组成部分,事实上已经成为农业转移人口中最有可能优先实现市民化的群体。除了其自身拥有较高的人力资本禀赋之外,现有研究发现,新生代农民工强烈的留城意愿和极低的返乡意愿,共同构成了加快其市民化进程的"推拉"要素。研究表明,与上一代农民工相比,新生代农民工在流入地城市长期居留和举家迁移的意愿十分明显,他们对流出地(家乡)的情感联系正在逐步消解,大多数新生代农民工与农村的联系仅保持在"亲情维系"上,不论是对回乡的意愿,还是每年返乡的次数,新生代农民工均显著低于上一代农民工。[①]

　　首先,从留城意愿来看,60.5%的新生代农民工明确表示要在城市定居,而上一代农民工的比例仅为22.3%。其次,就返乡意愿而言,新生代农民工选择"返乡务农"的比例仅为5.4%,明显低于上一代农民工的33.4%(见图3-3)。

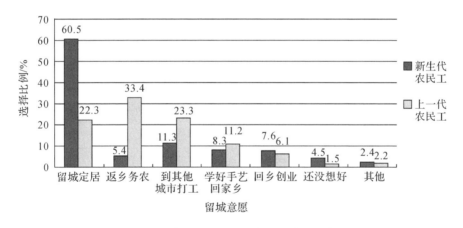

**图 3-3　新生代农民工与上一代农民工的留城意愿对比**

　　从对不同城市流迁意愿的调查来看,新生代农民工也表现出比上一代农民工更加明显的定居倾向,选择"到其他城市打工"的比例分别为11.3%和23.3%。由此可见,受外出动机和居留意愿的影响,上一代农民工仍然具

---

①　王春光.中国社会政策调整与农民工城市融入[J].探索与争鸣,2011(5):8-14.

有相对明显的"候鸟式"迁移特征,而新生代农民工如果对目前的就业和生活状态相对满意,则他们更加倾向于在流入地城市长久地定居和生活,然后希望通过举家迁移的方式,改善其家庭生活状况特别是为下一代子女的教育创造更好的机会。从这一点上来看,上一代农民工的外出动机更加被动和保守,他们仍然是以获取最大的经济收益为主要目标。换言之,预期经济收益比地方政府的市民化政策对上一代农民工更具吸引力。在市民化政策没有显著差异的情况下,经济收入水平的波动会直接激发上一代农民工的流动意愿,这也在一定程度上解释了为何地方政府积极推进农民工市民化的政策往往产生"悖论",农民工盲目流动和"流而不迁"等现象长期并存。

其次,从返乡能力来看,新生代农民工的外出从业时间更长,每年平均外出时间达到9.9个月,而上一代农民工仅为7.4个月。同时,新生代农民工"亦工亦农"的比例明显降低,他们大多数不懂农业生产,仅有10%的新生代农民工兼业从事农业生产。再从掌握农业生产技能的情况来看,新生代农民工中16~25岁年龄段的人有84.5%不具备农业生产知识和技能,26~30岁年龄段有72.5%的人未从事过农业生产(见图3-4)。

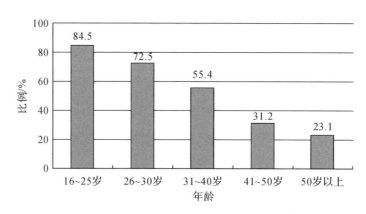

图3-4 各年龄段农民工未从事过农业生产的比例

由此可见,不论是从留城意愿还是从返乡能力来看,新生代农民工脱离农业生产向城市转移并在流入地城市定居是一个不可逆转的大趋势。尽管现有研究表明,新生代农民工在市民化进程中仍然存在相当普遍的"认同困惑",但是他们举家迁移的现象已成为时代表征;与上一代农民工相比,他们在打工地长期居留的意愿也十分强烈。在此情况下,地方政府要加快推进农业转移人口市民化进程,就必须客观审视新生代农民工的城市融入诉求和市民化行为特征,在后续对新型城镇化和产业布局进行规划调整时,要高度重视农民工市民化在未来一个较长时期可能给地方财政带来的财政成本支出压力。

## 五、利益诉求多样,行为方式更加主动和多元化

早在 20 世纪 90 年代,国内学者就研究了农民工群体的"候鸟式"迁移和"钟摆式"流动现象,指出其外出动机比较单一,致使行为模式相对固化,每年春节期间的民工"返乡潮"就是例证。[①] 此后,在关于新生代农民工与上一代农民工行为特征的差异化研究中,国内学者主要是从迁移方式、政策关注点和休闲娱乐方式这三个方面展开的。

### (一)迁移方式

就迁移方式而言,新生代农民工主要是以举家迁移的方式进行流动。这是因为以 80 后和 90 后为主的新生代农民工目前普遍进入了婚育年龄阶段,他们在满足个人生存和发展需要的基础上,普遍需要考虑家庭生活状况的改善特别是子女义务教育的问题。同时,由于新生代农民工的受教育程度相对较高,他们在城市工作和生活中逐渐增强了自身的平等观念和权利意识,因此对就业、居住、社会保障和子女教育等方面的需求比上一代农民工更加迫切。随着举家迁移的新生代农民工日益增多,他们的个人利益诉求与家庭福利需要进一步结合,使其市民化诉求表现出更多的复杂性和多样化特征。

---

① 李培林. 当代中国民生[M]. 北京:社会科学文献出版社,2010:198.

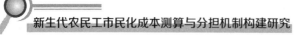

### (二)政策关注点

从政策关注点来看,新生代农民工对社会保障体系的完善、公平就业机会的获取和职业技能培训的提供十分看重。在以往关于农民工市民化的研究中,国内学者普遍认为户籍制度改革和城市户口的放开是农民工群体的关注重点,这具有一定的客观现实性。但随着农民工群体的类型分化,新生代农民工事实上已经完成了从农村向城市的地域转移,以及从传统农业人员向城市产业工人的职业转变,目前普遍进入从农民工向市民的身份转变阶段。因此,他们迫切需要通过正规教育和职业培训等途径提高自身的人力资本。王佃利等研究发现,新生代农民工会更加积极地利用业余时间进行自我充电,10.1%的新生代农民工业余时间会读书看报或去参加学习培训,而上一代农民工的比例仅为4.6%。[①]

### (三)休闲娱乐方式

从休闲娱乐方式来看,新生代农民工会更加积极主动地拓展自身社会关系网络。表3-5对比了新老两代农民工的业务生活安排。[②]

表3-5　两代农民工业余生活安排　　　　　（单位:%）

| | 聊天喝酒 | 看电视 | 上网 | 打牌下棋 | 逛街 | 睡觉 | 其他 |
|---|---|---|---|---|---|---|---|
| 上一代农民 | 19.05 | 63.81 | 16.51 | 10.48 | 20.00 | 55.87 | 18.83 |
| 新生代农民工 | 16.04 | 64.18 | 21.64 | 9.70 | 21.27 | 49.63 | 14.55 |

---

① 王佃利,刘保军,楼苏萍,等.新生代农民工的城市融入:框架建构与调研分析[J].中国行政管理,2011(2):111-115.

② 张广胜,周密.新生代农民工市民化进程的测度及其决定机制[M].北京:经济科学出版社,2013:81.

从表3-5可以看出,与上一代农民工以看电视(63.81%)和睡觉(55.87%)为主的休闲娱乐方式不同,新生代农民工的业余生活安排具有更加典型的青年行为特征,他们更加倾向于上网(21.64%)。这一方面说明,新生代农民工对移动互联网等城市现代化的生活方式更加容易接受和适应;另一方面,也说明他们能够更快地掌握和享受科技进步发展的成果。同时,理论界许多研究发现,新生代农民工上网并不单纯是为了休闲娱乐,他们中的许多人还会积极利用互联网寻求对自身发展有帮助的信息和机会,或者依托互联网结识新的朋友以拓展自身的社会关系网络、增强社会资本禀赋,而这一点在上一代农民工中显然是比较少见的,样本比例仅为16.51%。总体来看,新生代农民工比上一代农民工的利益需求更加多样,行为模式更加主动和多元化,他们事实上已经具备了实现市民化的部分外在条件。

## 第三节　浙江省新生代农民工的类型分化

按照传统主流的研究范式,从职业、教育和收入三个维度的社会分层指标来看,新生代农民工仍然是一个"均衡整体",他们在年龄、受教育程度和经济收入等方面并未显示出明显的差异性。但是,随着我国经济社会的发展,以及农业转移人口市民化进程的推进,新生代农民工群体内部已经出现了"裂变"与"聚变"并存的现象,他们不再是一个同质化的阶层,而是由于个体生活经历和城市工作环境的差异导致群体内部出现分化并逐渐演变出城市市民型、城市农民型和农村农民型三个子群体,这一点在浙江省表现得尤为明显。

根据丁学江和孙葆春的研究[①],新生代农民工的类型分化可以按照群体

---

① 丁学江,孙葆春.新生代农民工内部分化类型及未来走向[J].农业经济,2015(3):65.

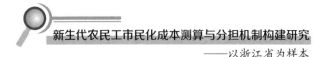

特征、构成主体、人数占比和市民化策略进行细分研究,具体如表 3-6 所示。

表 3-6　新生代农民工的群体分化

| 类型分化 | 群体特征 | 构成主体 | 人数占比 | 市民化策略 |
|---|---|---|---|---|
| 城市市民型 | 与市民仅有户籍区别 | 上一代农民工的后代 | 13% | 加快户籍制度改革 |
| 城市农民型 | 与市民有明显福利差距 | 80 后和 90 后新生代农民工 | 75% | 加快基本公共服务均等化 |
| 农村农民型 | 在户籍所在地稳定就业 | 从事农业生产的剩余劳动力 | 12% | 加快中小城镇建设 |

资料来源:笔者根据相关资料整理绘制而成

首先,"城市市民型"新生代农民工主要是指长期在城市工作和生活,除了没有城市户籍之外,其他方面已与城市市民基本无差异的新生代农民工群体。由于他们具有强烈的市民化意愿,但无法享受到平等的市民权利,因此迫切需要流入地政府深化户籍制度改革,以外部赋权方式破解其市民化困境。换言之,对于城市市民型新生代农民工而言,只要解决了他们的户籍问题,他们基本就可以融入城市,实现由农民工向市民身份的顺利转变。根据丁学江和孙葆春的研究,这类新生代农民工的比例约为 13%,主要由上一代农民工的后代构成。尽管他们的户籍仍在农村,但由于长期生活和工作在城市,他们的行为模式、思想观念和价值理念等已经被市民同化,事实上已成为城市"准市民"。他们对行使自己的正当权利、投身城市建设具有较高的积极性。

其次,"城市农民型"新生代农民工是指已经实现"农村退出",但仍处于"城市进入"阶段的新生代农民工群体,他们主要由 90 后农民工和部分 80 后农民工组成,是当前新生代农民工市民化困境的主要对象。在以往研究中,国内学者经常提及的城乡"双重边缘人"就是指这类农民工群体,他们约占新生代农民工总数的 75%,是各级地方政府加快农业转移人口市民化需要认真对待的重点对象。与"城市市民型"相比,"城市农民型"新生代农民工具有五个显著特点:一是社会资本缺失严重,社会关系网络狭窄,以基于地缘和血缘的"弱关系"社会关系网络为主;二是就业稳定性差,经济收入水平较低,经常遭受不公平的职业待遇;三是对城市缺乏归属感,被排斥感强烈,无法融入城市社区氛围;四是行为方式和思想观念保留了较多的乡村色彩,与城市主流文化有明显差异;五是政治参与程度较差,组织建设水平较低,基本政治权利得不到有效保障。[①]

再次,"农村农民型"新生代农民工主要是指在户籍所在地打工,向大城市迁移的意愿较低,但有可能实现就近就地市民化的新生代农民工群体,他们约占被调查总数的12%。尽管此类新生代农民工的数量不多,但他们更加熟悉农业生产知识和农村劳动技能,特别是其中包含着一部分以返乡创业农民工为代表的新一代农村精英,对未来我国农业的健康可持续发展具有积极作用。因此,也需要各地政府在推进中小城镇发展和加快新型城镇化建设的过程中,通过政策调整和激励机制的有效扶持,增强此类新生代农民工的人力资本禀赋和参与热情,以就地市民化的方式加快其由农民向市民身份的转变,最终实现大城市与中小城镇协同发展、异地市民化与就地市民化均衡推进的良好局面。

新生代农民工作为新兴的农业转移人口群体,其外出动机、行为特征和利益诉求表现出多样的个性化特征,一个共同点是他们的市民化意愿十分强烈,对发挥自身能力积极参与经济社会发展具有较高的积极性。因此,各级地方政府在进行政策制定时,应根据新生代农民工的类型分化和需求异质性,制定具有针对性和可操作性的政策措施,通过解决各类新生代农民工市民化进程中的难点问题,促进他们为城市发展和建设贡献更大的力量。

---

① 丁学江,孙葆春.新生代农民工内部分化类型及未来走向[J].农业经济,2015(3):66.

# 第四节　浙江省新生代农民工的需求异质性

　　马斯洛的需求层次理论(hierarchy of needs)指出,人的需求按照由低到高的顺序可分为五个层次,分别是生理需求(physiological needs)、安全需求(safety requirements)、情感和归属需求(emotional needs)、尊重需求(respect demands)、自我实现需求(self-actualization needs)。① 在他看来,使需求得到满足是行为个体成长和发展的内在动力,而这种动力是由各种不同的需求被渐次满足而产生的。马斯洛同时指出,上述各种需求层次有高低之分,在某一种层次的需求被满足之后,行为个体就会向更高层次的需求出发。相应地,已经被满足了的需求就不再是激励个体的内在动力。就新生代农民工而言,由于其外出动机、留城意愿和市民化诉求均与上一代农民工表现出明显差异,因此本节我们采用"四维度"分析框架,从经济收入需求、政治参与需求、社会交往需求和心理认同需求四个层面来探讨其市民化需求的异质性,进而为合理判断其市民化现状奠定基础。

## 一、经济收入需求层面

　　进城务工以获取经济回报是农民工外出就业的直接动因,从这个意义上说,提高农民工的经济收入水平有利于增强其市民化意愿。但也有研究发现,新生代农民工的市民化意愿存在明显的"收入拐点",即在城市融入的初期阶段,提高其经济收入水平能够显著增强其市民化意愿;但在城市融入

---

　　① Maslow A. A theory of human motivation[J]. Psychological Review,1943(50):370-396.

的中后期,政治参与、社会交往和心理认同等因素将发挥更为重要的激励作用。①　换言之,经济收入水平提高对新生代农民工市民化意愿的促进作用并非呈直线形发展,劳动权益保障等措施通常只能在"城市进入"环节发挥作用。这一论点可通过近年来我国东部沿海地区频繁出现的"技工荒"等劳动力供给短缺现象得以印证。

那么,在基本的"生存型"经济收入需求得到满足的前提下,新生代农民工的消费支出结构会发生怎样的变化? 换言之,如果经济收入水平与上一代农民工保持在大致相当的水平,那么新生代农民工的消费支出结构具有哪些新的特点? 本书拟根据图 3-5 对上述问题进行分析和回答。

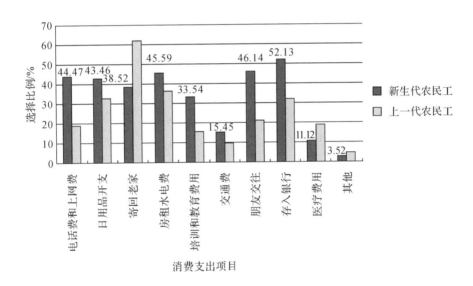

**图 3-5　新生代农民工与上一代农民工的消费支出结构**

由图 3-5 可知,若经济收入水平保持在一个相对稳定的条件下(即短期内不会发生剧烈的波动),新生代农民工与上一代农民工的消费支出结构呈现

① 许光.新生代农民工城市融入的进程测度及政策创新研究[M].北京:中国社会科学出版社,2017:98.

出明显的差异。总体来看,上一代农民工以"生存型"和"顾家型"消费支出为主,而新生代农民工以"发展型"和"享乐型"消费支出为主,突出表现在其用于培训和教育、朋友交往、电话和上网等方面的支出明显高于上一代农民工。

具体来看,选择进行自身人力资本投资(培训和教育支出)的新生代农民工比例为 33.54%,远高于上一代农民工的比例(16.14%);选择增强社会资本积累(朋友交往支出)的新生代农民工比例为 46.14%,远高于上一代农民工的比例(21.65%);选择新型休闲娱乐方式(电话和上网支出)的新生代农民工比例为 44.47%,而上一代农民工的这一比例仅为 19.26%。同时,选择将钱存入银行的新生代农民工比例为 52.13%,也明显高于上一代农民工的比例(32.52%)。这表明新生代农民工对未来的城市生活有较强预期,不再像上一代农民工那样优先考虑将钱寄回老家,而是在教育培训和社会交往等方面进行有计划的支出,以提高自身的人力资本和社会资本,增强市民化的能力。

## 二、政治参与需求层面

英克尔斯(Alex Inkeles)认为:"政治现代化是经济与社会现代化必不可少的条件,一个国家的人民是否能积极参与社会政治生活,常常被看作现代化的一种特色。无论从客观的社会经济地位特征来判断,还是以主观的心理态度来评判,个人在获得现代性后必定会变成活跃的积极参与国家事务的公民。"[①]

就新生代农民工而言,由于其目前尚未彻底摆脱传统体制机制的束缚,因此在流入地城市获得与市民同等的政治参与权利还存在一定的困难,新生代农民工目前主要还是在流出地参与村民自治和村委会选举。在此情况下,随着新生代农民工在城市工作和生活的时间变长,他们日益觉醒的平等意识使其对城市现行的政治参与情况产生了诸多不满,但他们回乡参政议

---

① 英克尔斯. 人的现代化 [M]. 殷陆君,译. 成都:四川人民出版社,1985:61.

政的积极性又普遍不高,这就导致了新生代农民工既无法有效参与城市公共事务管理,又不愿意回到农村行使合法政治权利的"两难困境"。从诸多实证调查的结果来看,当前大城市新生代农民工的政治参与事实上处于一种"悬空"状态,有学者形象地将其描述为游离于城市和农村之外的"政治边缘人"。

表3-7是笔者2015年赴浙江省义乌市进行问卷调查得出的统计结果。义乌市作为我国最早探索农民工参选人大代表的城市,在增强新生代农民工的参与权、表达权和选举权等方面进行了一系列改革,但仍然面临着代表名额分配难、选民资格认定难、农民工流动性大导致选举成本增加等问题。其中,缺乏有效的组织依托是制约新生代农民工政治参与的重大现实障碍。据调查,26~30岁和31~40岁两个年龄段的农民工中分别有71.9%和66.9%的人没有加入工会,而有加入工会意愿的被调查者的比例分别为26.7%和33.1%。此外,鉴于浙江省农民工自助组织的发展情况较好,而且在维护外来人口基本权益等方面发挥了积极作用,因此上述两个年龄段分别有73.8%和76.7%的受访者表示有加入农民工合法组织的意愿,并且年龄越大的农民工加入合法组织的意愿越强烈。

表3-7　不同年龄段农民工加入工会及合法组织的意愿调查　　（单位:%）

| | 没有加入工会 | 想加入工会 | 想加入属于自己的合法组织 |
|---|---|---|---|
| 16~25岁 | 80.1 | 24.2 | 68.9 |
| 26~30岁 | 71.9 | 26.7 | 73.8 |
| 31~40岁 | 66.9 | 33.1 | 76.7 |
| 41~50岁 | 64.8 | 35.5 | 78.5 |
| 50岁以上 | 65.9 | 36.7 | 78.8 |

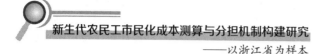

## 三、社会交往需求层面

对于新生代农民工的市民化问题,学术界的一个共识是需要积极拓展其社会关系网络,加速社会资本再造。[①] 根据构成要素的不同,社会关系网络可以分为"强关系"的初级网络和"弱关系"的次级网络,其中前者以"血缘"和"地缘"为纽带,而后者则以"业缘"为基础。[②] 目前来看,新生代农民工使用较多的是"强关系"初级社会网络,它具有高趋同性、低异质性和高紧密性特征,能够有效减少市民化的阻力,但同时也会固化新生代农民工的亚文化生存状态,客观上不利于其社会认同的培养。[③] 与上一代农民工相比,新生代农民工的社会交往需求具有典型的异质性、平等性和功利性特征。

一方面,新生代农民工的交往对象更加复杂多样。他们不再满足于以亲友和老乡为主的"强关系"社交网络,相反以同事、网友和市民为主的"弱关系"社交网络对他们更有吸引力。如图3-6所示,在上一代农民工的社交网络构成中,占比最高的是老乡(47.14%),其次是同事(33.21%),再次是市民(7.23%),最后是网友(1.45%)。与之相反,新生代农民工的社交网络构成中,老乡的比例大幅下降,仅占13.17%;市民和网友的比重显著增加,分别为23.23%和11.59%。这说明新生代农民工的社交关系网络更加现代化和多元化,他们能更好地适应城市社会交往的行为范式,具备更加优良的市民化社会资本条件。

---

① 李培林.流动民工的社会网络和社会地位[J].社会学研究,1996(4):42-52.

② 边燕杰.城市居民社会资本的来源及作用:网络观点与调查发现[J].中国社会科学,2004(5):46-53.

③ 李汉林,魏钦恭,张彦.社会变迁过程中的结构紧张[J].中国社会科学,2010(2):121-143.

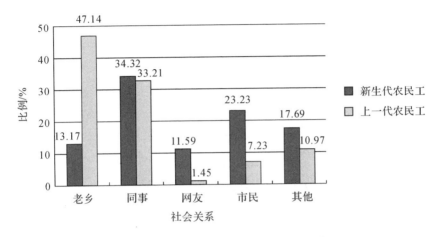

图 3-6　两代农民工的社会关系网络构成对比

　　另一方面,新生代农民工的社会交往更加主动,而且行为模式具有更多的功利性和平等性特征。据调查,43.32％的新生代农民工会主动与市民交往,明显高于上一代农民工的比例(21.25％)。同时,为了弥补其在农村退出阶段因乡村社会关系网络断裂造成的社会资本损失,新生代农民工更加注重在社会交往中拓展"弱关系"网络,以弥补血缘和地缘社会关系网络缺失在其市民身份构建中的作用。如图 3-7 所示,在与城市市民的交往中,37.47％的新生代农民工为了寻求对自己有帮助的机会,33.25％的人是为了寻找志同道合的朋友,17.47％的人是为了打发时间排遣寂寞,仅有11.81％的人没有特定的社会交往目的。显然,新生代农民工的社会交往动机(affiliation motivation)具有更强的功利性,其社会关系网络构建具有更加显著的自我中心特征。

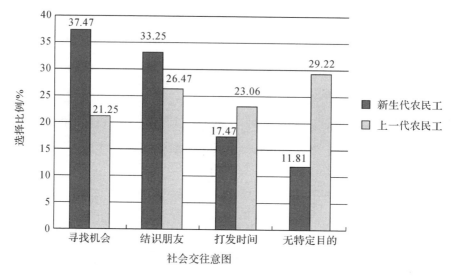

图 3-7　两代农民工的社会交往意图对比

## 四、心理认同需求层面

总体来看,新生代农民工已经抛弃了上一代农民工"苦行僧"式生活方式,他们的就业动机不再是"寄钱回家",消费理念不再是"能省则省",在日常工作和生活中也尽力融入城市现代化的生活氛围之中,而这一切行为的内在动因都是他们渴求以"新市民"的身份获得认可,摆脱"乡下人"和"外地人"等身份标签和刻板印象。

受上述因素的影响,新生代农民工在就业选择和生活理念上,表现出比上一代农民工更加精细和高端的要求,并努力与城市市民保持一致。例如,他们十分注重自身的衣着打扮和言谈举止,坚持用普通话与人交流并努力学习当地方言,购买新款的智能手机和平板电脑,努力提高自身的生活品质,等等。尽管学术界通常将新生代农民工界定为游离于城市和农村之间的"双重边缘人",但他们自身对这一身份并不认同。在调查中,绝大多数新生代农民工都认为自己是"市民"。他们不仅拒绝接受"农民"这一身份标签,而且其市民化诉求和未来职业规划也几乎都是围绕城市生活展开的。

图 3-8 描述了新生代农民工对未来工作和生活的规划,44.47%的受访者打算接家人来城市一起生活,33.25%的受访者打算参加培训或继续求学以提高自身人力资本,26.65%的受访者打算充分享受城市现代化的生活以开阔自身眼界,23.14%的受访者打算自己在城市创业,17.75%的受访者打算习得一技之长后返乡创业,11.4%的受访者暂时没有明确的发展目标。

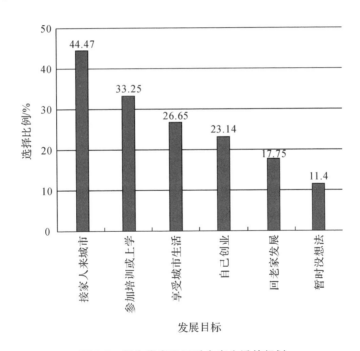

**图 3-8　新生代农民工对未来生活的规划**

除了更加渴求城市社会的认同,新生代农民工在文化心理层面也表现出十分强烈的自我提升意识,"知识改变命运"的想法在新生代农民工群体

中十分普遍。由于目前他们能享受到的精神文化生活比较贫乏,因此绝大多数新生代农民工都希望流入地政府能够加大公共文化服务的供给力度,特别是对上网、图书馆、电影电视、文体活动等新型娱乐休闲方式提出了强烈需求(见图 3-9)。

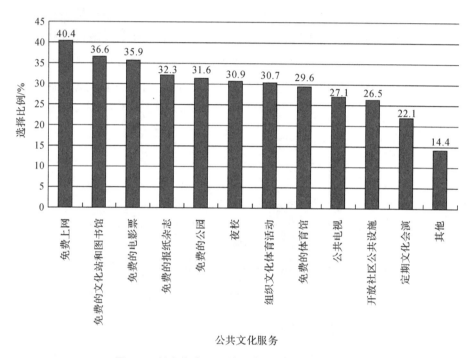

图 3-9　新生代农民工希望获得的公共文化服务

　　如图 3-9 所示,40.4％的新生代农民工希望能够免费上网,36.6％的新生代农民工希望政府提供免费的文化站和图书馆,35.9％的新生代农民工希望获得免费电影票,32.3％和 31.6％的新生代农民工希望获得免费报纸杂志和免费公园,30.9％的新生代农民工希望能到夜校培训,30.7％和29.6％的新生代农民工希望政府组织文化体育活动和免费开放体育馆。总体来看,新生代农民工已经摆脱了上一代农民工以"睡觉、打牌、看电视"为主的传统休闲模式,在社会活动方面已经具备了显著的市民化特征。

# 第五节　浙江省新生代农民工市民化现状

在对新生代农民工市民化现状进行研究时,国内学者大多采用了定性分析法,通过问卷调查和专家访谈等对其经济、政治、社会交往和心理认同等不同维度的状况进行论述。问卷调查法虽然具有客观具体的优点,但难以完整准确地反映主观指标造成的市民化程度差异,例如新生代农民工对流入地城市生活状态的满意度等。因此,笔者在前期研究中尝试创新性地引入层次分析法(AHP)和模糊综合评价相结合的方法,以弥补问卷调查法这种单一研究方法的不足。具体而言,本书根据系统性、科学性、前瞻性和可操作性原则,选取了具有代表性的 11 个一级指标和 38 个二级指标,构建了新生代农民工市民化评价指标体系,进而依托"四维度"分析框架对新生代农民工的市民化状况进行了测算。

## 一、新生代农民工市民化评价指标体系构建

如前所述,由于国内学者对农民工市民化内涵的理解不一,理论界目前有关新生代农民工市民化评价指标体系的构建存在较大差异,现有研究的不足突出表现在两个方面:一是指标体系的框架设定和维度设置难以统一,二是代表性指标的选择和量化方法存在明显分歧。具体来看,刘传江等构建的"农民工市民化进程测度指标体系"涵盖了外部制度因素、农民工群体、农民工个体三个测量维度下的 10 项指标[1];王桂新等构建的"城市农民工市民化程度评价指标体系"涵盖了居住条件、经济生活、社会关系、政治参与、心理认同五个测

① 刘传江,徐建玲.第二代农民工及其市民化研究[J].中国人口·资源与环境,2007(1):6-10.

量维度下的 19 项指标[1]；张广胜等构建的"需求可识别 Biprobit 模型"涵盖了市民需求和市民供给两个测量维度下的 11 项指标[2]；刘传江等构建的"农民工市民化进程指标体系"涵盖了生存职业、意识行为、社会身份、自身素质四个测量维度下的 32 项指标[3]。

上述成果为本书提供了很好的参考和借鉴，但也存在进一步完善和改进的空间。鉴于此，本书依托"四维度"分析框架，在对现有文献资料进行整合的基础上，创新性地构建了"新生代农民工市民化评价指标体系"。具体来看，该评价指标体系包括经济收入、政治参与、社会交往和心理认同四个测量维度，下设 11 个一级指标和 38 个二级指标。其中，除了工作超时比率、工资拖欠比率、工伤比率、消费支出结构、单位侵权比率、流入地入户门槛、流入地市民对农民工的排斥程度 7 项指标为逆向指标之外，其余指标均为正向指标（见表 3-8）。

在表 3-8 中，经济融入维度主要反映新生代农民工的生存状况和就业情况，包括就业环境、工资福利、生活负担 3 个一级指标和 12 个二级指标；政治参与维度主要反映新生代农民工的政治权利拥有情况、政治活动参与情况和组织建设情况，下设 3 个一级指标和 9 个二级指标；社会交往维度主要反映新生代农民工在身份、社会地位和基本权益等方面与流入地市民的差距，下设 2 个一级指标和 8 个二级指标；心理认同维度反映新生代农民工在价值观和意识行为等方面向市民转化的情况，下设 3 个一级指标和 9 个二级指标。

———————————

[1] 王桂新，沈建法，刘建波.中国城市农民工市民化研究：以上海为例[J].人口与发展，2008(1)：3-23.

[2] 周密，张广胜，黄利.新生代农民工市民化程度的测度[J].农业技术经济，2012(1)：90-98.

[3] 董延芳，刘传江，胡铭.行为经济学视角的农民工隐性户籍墙分析[J].中国人口·资源与环境，2012(3)：43-47.

表 3-8　新生代农民工市民化评价指标体系

| 目标层 | 准则层 | 指标层 | | 数据来源 |
| --- | --- | --- | --- | --- |
| | | 一级指标 | 二级指标/指标描述 | |
| 新生代农民工市民化状况 | 经济融入 | 就业环境（4个） | 就业稳定程度的均值 | 调查数据 |
| | | | 工作环境安全良好的比率 | |
| | | | ▲ 存在工作超时情况的比率 | |
| | | | ▲ 存在拖欠工资情况的比率 | |
| | | 工资福利（4个） | 农民工年均工资/流入地市年均工资 | 年鉴数据调查数据 |
| | | | 享受过津贴或补贴的比率 | |
| | | | 单位缴纳社会保险的比率 | |
| | | | ▲ 受过工伤或患过职业病的比率 | |
| | | 生活负担（4个） | ▲ 消费支出结构（恩格尔系数） | 调查数据 |
| | | | 在流入地购房的比率 | |
| | | | 在流入地的家庭成员人数均值 | |
| | | | 子女在流入地接受教育的比率 | |
| | 政治参与 | 政治权利（3个） | 参加家乡选举活动的比率 | 统计公报 |
| | | | 拥有相关政治权利的比率 | |
| | | | 拥有获得政治权利的意愿 | |
| | | 维权方式（3个） | ▲ 遭遇单位侵权行为的比率 | 调查数据 |
| | | | 依靠法律手段维权的比率 | |
| | | | 获得社会团体帮助的比率 | |
| | | 组织建设（3个） | 参加工会组织的比率 | 统计公报调查数据 |
| | | | 参加社会团体的比率 | |
| | | | 参加团体组织的意愿 | |

| 目标层 | 准则层 | 指标层 | | 数据来源 |
|---|---|---|---|---|
| | | 一级指标 | 二级指标/指标描述 | |
| 新生代农民工市民化状况 | 社会交往 | 制度性指标（4个） | ▲ 流入地的入户门槛 | 专家评价 |
| | | | 劳动就业制度满意度均值 | 调查数据 |
| | | | 社会保障制度满意度均值 | |
| | | | 公共服务供给制度满意度均值 | |
| | | 结构性指标（4个） | 平均受教育年限 | 年鉴数据 |
| | | | 社交网络的类型 | 调查数据 |
| | | | 工作交往状况均值 | |
| | | | ▲ 流入地市民对农民工的排斥程度 | |
| | 心理认同 | 文化特质（3个） | 外出年限情况均值 | 统计公报 |
| | | | 语言文化状况均值 | 专家评价 |
| | | | 对城市现代文化的兴趣 | |
| | | 心理适应（3个） | 在城市长期居留的意愿 | 调查数据 |
| | | | 对城市生活的适应程度 | |
| | | | 与市民通婚的态度均值 | |
| | | 自我认同（3个） | 身份认同均值 | 专家评价 |
| | | | 身份转变意愿均值 | |
| | | | 对老家土地流转的态度均值 | |

注:带▲的指标为逆向指标,对农民工市民化产生阻碍作用,测算中要通过差式逆变换进行正向处理。

在构建指标体系的过程中,本书根据科学性、系统性和可操作性原则,整合了理论界现有的研究成果,选取了各测量维度下最具代表性的38项指标,并根据新生代农民工的代际特征和需求异质性创新性地引入消费支出结构、社交网络类型等新增指标,以对现有研究成果形成补充。当然,本书构建的评价指标体系也存在一定的局限性和不足,有待进一步完善。

## 二、浙江省新生代农民工市民化现状的实证分析

根据新生代农民工市民化评价指标体系,笔者基于调查数据和国家统计局发布的历年《国民经济和社会发展统计公报》和《全国农民工监测调查报告》公布的数据,采用层次分析法与模糊综合评价相结合的方法,对新生代农民工市民化现状进行了测算,具体步骤如下。

### (一)确定各分层指标的权重

为减少主观赋值法可能带来的权重确定误差,本书采用层次分析法对各分层指标的权重进行计算。首先,构建判断矩阵及重要度计算和一致性检验公式:

$$W_i = \frac{1}{n} \sum_{j=1}^{n} \left( \frac{a_{ij}}{\sum_{k=1}^{n} a_{kj}} \right), (i=1,2,3,\cdots,n) \tag{3-1}$$

$$\lambda_i = (AW)_i / W_i, (i=1,2,3,\cdots,n) \tag{3-2}$$

其中,$W_i$ 表示归一化后的权重,$n$ 表示要素的个数,$i$ 和 $j$ 分别表示行和列,$\lambda_i$ 表示第 $i$ 个特征根,$(AW)_i$ 表示向量 $AW$ 的第 $i$ 个分量。

由于篇幅所限,此处我们仅以一级指标"就业环境"为例,说明该测量维度下各分层指标的权重确定方法,以此类推,即可得到所有 38 项二级指标和11 项一级指标的权重。

表 3-9 为"就业环境"下级指标的重要程度判断矩阵,记为 $A$。首先我们以几何平均法计算判断矩阵 $A$ 的特征向量 $W$ 的分量 $W_i$。

表 3-9　"就业环境"下级指标重要程度判断矩阵

|  | 就业稳定程度 | 工作环境安全性 | 工作超时比率 | 拖欠工资比率 |
|---|---|---|---|---|
| 就业稳定程度 | 1 | 6 | 7 | 4 |
| 工作环境安全性 | 1/6 | 1 | 2 | 1/5 |
| 工作超时比率 | 1/7 | 1/2 | 1 | 6 |
| 拖欠工资比率 | 1/4 | 5 | 1/6 | 1 |

$$W_1 = \sqrt[4]{(1 \times 6 \times 7 \times 4)} = 3.600$$

$$W_2 = \sqrt[4]{(\frac{1}{6} \times 1 \times 2 \times \frac{1}{5})} = 0.508$$

$$W_3 = \sqrt[4]{(\frac{1}{7} \times \frac{1}{2} \times 1 \times 6)} = 0.809$$

$$W_4 = \sqrt[4]{(\frac{1}{4} \times 5 \times \frac{1}{6} \times 1)} = 0.675$$

则：

$$W_A = \sum_{i=1}^{n4} W_i = 5.592$$

进而得到各指标关于 $A$ 的权重,分别为：

$$W_1^0 = \frac{W_1}{WA} = 0.644$$

$$W_2^0 = \frac{W_2}{WA} = 0.091$$

$$W_3^0 = \frac{W_3}{WA} = 0.145$$

$$W_4^0 = \frac{W_4}{WA} = 0.121$$

从而得出特征向量 $W = [\,0644 \qquad 0091 \qquad 0145 \qquad 0121\,]^{\mathrm{T}}$

接下来进行一致性检验：

$$AW = \begin{bmatrix} 1 & 6 & 7 & 4 \\ 1/6 & 1 & 2 & 1/5 \\ 1/7 & 1/2 & 1 & 6 \\ 1/4 & 5 & 1/6 & 1 \end{bmatrix} \cdot \begin{bmatrix} 0644 \\ 0091 \\ 0145 \\ 0121 \end{bmatrix} = \begin{bmatrix} (AW)_1 \\ (AW)_2 \\ (AW)_3 \end{bmatrix} = \begin{bmatrix} 2689 \\ 0512 \\ 1009 \\ 0761 \end{bmatrix}$$

$$\lambda_{\max} = \sum_{i=1}^{4} \frac{(AW)_i}{4 \times W_i^0} = 7.683$$

$$CI = \frac{\lambda_{\max} - n}{n - 1} = \frac{7683 - 4}{4 - 1} = 1.228$$

查表可知，一致性检验通过，可以认为"就业环境"测量维度下各细分指标的重要程度判断矩阵具有可以接受的满意度。据此，可以得到该测量维度下各细分指标的权重分配（见表3-10）。

表 3-10　"就业环境"维度下各指标权重分配

| | 就业稳定程度 | 工作环境安全性 | 工作超时比率 | 拖欠工资比率 |
|---|---|---|---|---|
| 指标权重 | 0.644 | 0.091 | 0.145 | 0.121 |

以此为例，可以进一步得到"经济融入"测量维度下所有指标的权重分配，进而得到新生代农民工市民化评价指标体系所有指标的权重分配（见表3-11）。需要说明的是，表3-10为二级指标相对于一级指标的权重，表4-11为二级指标相对于"经济融入"测量维度的权重，因此数值相应地发生了变化。

表 3-11　新生代农民工市民化评价指标体系的权重分配

| | 一级指标 | 权重 | 二级指标 | 权重 |
|---|---|---|---|---|
| 经济融入 | 就业环境 | 0.635 | 就业稳定程度的均值 | 0.409 |
| | | | 工作环境安全良好的比率 | 0.058 |
| | | | ▲ 存在工作超时情况的比率 | 0.092 |
| | | | ▲ 存在拖欠工资情况的比率 | 0.077 |
| | 工资福利 | 0.272 | 农民工年均工资/流入地市民年均工资 | 0.118 |
| | | | 享受过津贴或补贴的比率 | 0.066 |
| | | | 单位缴纳社会保险的比率 | 0.081 |
| | | | ▲ 受过工伤或患过职业病的比率 | 0.007 |
| | 生活负担 | 0.093 | ▲ 消费支出结构（恩格尔系数） | 0.030 |
| | | | 在流入地购房的比率 | 0.029 |
| | | | 在流入地的家庭成员人数均值 | 0.023 |
| | | | 子女在流入地接受教育的比率 | 0.011 |
| 政治参与 | 政治权利 | 0.323 | 参加家乡选举活动的比率 | 0.040 |
| | | | 拥有相关政治权利的比率 | 0.166 |
| | | | 拥有获得政治权利的意愿 | 0.117 |
| | 维权方式 | 0.242 | ▲ 遭遇单位侵权行为的比率 | 0.080 |
| | | | 依靠法律手段维权的比率 | 0.103 |
| | | | 获得社会团体帮助的比率 | 0.059 |
| | 组织建设 | 0.435 | 参加工会组织的比率 | 0.202 |
| | | | 参加社会团体的比率 | 0.101 |
| | | | 参加团体组织的意愿 | 0.131 |

续表

| | 一级指标 | 权重 | 二级指标 | 权重 |
|---|---|---|---|---|
| 社会交往 | 制度性指标 | 0.641 | ▲ 流入地的入户门槛 | 0.135 |
| | | | 劳动就业制度满意度均值 | 0.144 |
| | | | 社会保障制度满意度均值 | 0.184 |
| | | | 公共服务供给制度满意度均值 | 0.178 |
| | 结构性指标 | 0.359 | 平均受教育年限 | 0.117 |
| | | | 社交网络的类型 | 0.113 |
| | | | 工作交往状况均值 | 0.081 |
| | | | ▲ 流入地市民对农民工的排斥程度 | 0.047 |
| 心理认同 | 文化特质 | 0.332 | 外出年限情况均值 | 0.108 |
| | | | 语言文化状况均值 | 0.111 |
| | | | 对城市现代文化的兴趣 | 0.113 |
| | 心理适应 | 0.389 | 在城市长期居留的意愿 | 0.173 |
| | | | 对城市生活的适应程度 | 0.135 |
| | | | 与市民通婚的态度均值 | 0.081 |
| | 自我认同 | 0.279 | 身份认同均值 | 0.124 |
| | | | 身份转变意愿均值 | 0.090 |
| | | | 对老家土地流转的态度均值 | 0.065 |

注:表中几处二级指标权重加总不等于一级指标权重的情况,是因为原始数据只保留至小数点后三位。

## (二)原始数据处理与指数计算

在确定新生代农民工市民化评价指标体系的权重分配后,笔者根据问卷调查数据和当地政府部门公布的有关数据,可得到新生代农民工市民化原始数据,详见表3-12。

表 3-12　新生代农民工市民化评价原始数据

| 一级指标 | 二级指标 | 原始数据 |
|---|---|---|---|
| 经济融入 | 就业环境 | 就业稳定程度的均值 | 1.256 |
| | | 工作环境安全良好的比率 | 53.3% |
| | | ▲ 存在工作超时情况的比率 | 36.6% |
| | | ▲ 存在拖欠工资情况的比率 | 15.2% |
| | 工资福利 | 农民工年均工资/流入地市民年均工资 | 0.741 |
| | | 享受过津贴或补贴的比率 | 17.6% |
| | | 单位缴纳社会保险的比率 | 21.3% |
| | | ▲ 受过工伤或患过职业病的比率 | 11.2% |
| | 生活负担 | ▲ 消费支出结构（恩格尔系数） | 41.03% |
| | | 在流入地购房的比率 | 5.13% |
| | | 在流入地的家庭成员人数均值 | 1.752 |
| | | 子女在流入地接受教育的比率 | 26.6% |
| 政治参与 | 政治权利 | 参加家乡选举活动的比率 | 17.6% |
| | | 拥有相关政治权利的比率 | 15.4% |
| | | 拥有获得政治权利的意愿 | 32.3% |
| | 维权方式 | ▲ 遭遇单位侵权行为的比率 | 15.2% |
| | | 依靠法律手段维权的比率 | 17.6% |
| | | 获得社会团体帮助的比率 | 7.52% |
| | 组织建设 | 参加工会组织的比率 | 18.3% |
| | | 参加社会团体的比率 | 13.1% |
| | | 参加团体组织的意愿 | 33.6% |

续表

| 一级指标 | | 二级指标 | 原始数据 |
|---|---|---|---|
| 社会交往 | 制度性指标 | ▲ 流入地的入户门槛 | 3 |
| | | 劳动就业制度满意度均值 | 3 |
| | | 社会保障制度满意度均值 | 2 |
| | | 公共服务供给制度满意度均值 | 2 |
| | 结构性指标 | 平均受教育年限 | 0.745 |
| | | 社交网络的类型 | 2 |
| | | 工作交往状况均值 | 2 |
| | | ▲ 流入地市民对农民工的排斥程度 | 3 |
| 心理认同 | 文化特质 | 外出年限情况均值 | 3.126 |
| | | 语言文化状况均值 | 1.447 |
| | | 对城市现代文化的兴趣 | 1.789 |
| | 心理适应 | 在城市长期居留的意愿 | 1.687 |
| | | 对城市生活的适应程度 | 1.226 |
| | | 与市民通婚的态度均值 | 0.379 |
| | 自我认同 | 身份认同均值 | 0.233 |
| | | 身份转变意愿均值 | 0.645 |
| | | 对老家土地流转的态度均值 | 0.217 |

由于表3-12中存在7项逆指标，而且各指标的原始数据单位不同，因此需要对表中的原始数据进行相应处理。首先，采用差式逆变换（即用该指标的最大值减去原始数据）将逆向指标转化为正向指标，对其进行正向化处理。其次，采用离差相对化（即用该指标的原始数据和最小值的差比上该指标的最大值和最小值的差），对各指标的原始数据进行无量纲化处理，以消除不同单位带来的指标间的不可比性，处理后的数据如表3-13所示。

表 3-13　新生代农民工市民化评价处理数据表

| 一级指标 | | 二级指标 | 原始数据 |
|---|---|---|---|
| 经济融入 | 就业环境 | 就业稳定程度的均值 | 0.128 |
| | | 工作环境安全良好的比率 | 0.533 |
| | | ▲ 存在工作超时情况的比率 | 0.634 |
| | | ▲ 存在拖欠工资情况的比率 | 0.848 |
| | 工资福利 | 农民工年均工资/流入地市民年均工资 | 0.741 |
| | | 享受过津贴或补贴的比率 | 0.176 |
| | | 单位缴纳社会保险的比率 | 0.213 |
| | | ▲ 受过工伤或患过职业病的比率 | 0.888 |
| | 生活负担 | ▲ 消费支出结构（恩格尔系数） | 0.589 |
| | | 在流入地购房的比率 | 0.051 |
| | | 在流入地的家庭成员人数均值 | 0.188 |
| | | 子女在流入地接受教育的比率 | 0.266 |
| 政治参与 | 政治权利 | 参加家乡选举活动的比率 | 0.176 |
| | | 拥有相关政治权利的比率 | 0.154 |
| | | 拥有获得政治权利的意愿 | 0.323 |
| | 维权方式 | ▲ 遭遇单位侵权行为的比率 | 0.848 |
| | | 依靠法律手段维权的比率 | 0.176 |
| | | 获得社会团体帮助的比率 | 0.752 |
| | 组织建设 | 参加工会组织的比率 | 0.183 |
| | | 参加社会团体的比率 | 0.131 |
| | | 参加团体组织的意愿 | 0.336 |

续表

| | 一级指标 | 二级指标 | 原始数据 |
|---|---|---|---|
| 社会交往 | 制度性指标 | ▲ 流入地的入户门槛 | 0.400 |
| | | 劳动就业制度满意度均值 | 0.500 |
| | | 社会保障制度满意度均值 | 0.250 |
| | | 公共服务供给制度满意度均值 | 0.250 |
| | 结构性指标 | 平均受教育年限 | 0.745 |
| | | 社交网络的类型 | 0.500 |
| | | 工作交往状况均值 | 0.667 |
| | | ▲ 流入地市民对农民工的排斥程度 | 0.400 |
| 心理认同 | 文化特质 | 外出年限情况均值 | 0.532 |
| | | 语言文化状况均值 | 0.724 |
| | | 对城市现代文化的兴趣 | 0.895 |
| | 心理适应 | 在城市长期居留的意愿 | 0.844 |
| | | 对城市生活的适应程度 | 0.807 |
| | | 与市民通婚的态度均值 | 0.690 |
| | 自我认同 | 身份认同均值 | 0.617 |
| | | 身份转变意愿均值 | 0.823 |
| | | 对老家土地流转的态度均值 | 0.609 |

根据表 3-11(权重分配表)和表 3-13(处理数据表),我们可以计算出新生代农民工市民化评价指标体系中经济融入、政治参与、社会交往和心理认同各测量维度下的市民化状况,分别记为 $E_1$、$E_2$、$E_3$ 和 $E_4$。计算公式为:

$$E_i = \sum_{i=1}^{n} (A_i \cdot B_i)$$

其中,$A_i$ 为各二级指标的权重,$B_i$ 为各二级指标的处理数据,$n$ 为各测量维度下二级指标的个数。据此可以得到:

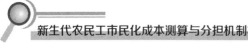

$$E_1 = 0.354$$
$$E_2 = 0.295$$
$$E_3 = 0.434$$
$$E_4 = 0.740$$

根据学术界目前认可度较高的农民工市民化进程评价标准,0%~25%被认为是极低市民化率,25%~50%被认为是低市民化率,50%~75%被认为是中市民化率,75%以上被认为是高市民化率。[①] 根据本书的测算结果,新生代农民工在经济融入、政治参与、社会交往和心理认同四个层面的市民化状况,除了心理认同处于中市民化率阶段,其他三个测量维度均处于低市民化率阶段。

### (三)模糊综合评价与总体判断

在评价指标体系的权重确定和指标赋值过程中,由于部分情况存在一定的主观因素,为减少主观随意性对测算结果可能造成的误差,我们再用模糊综合评价对各测量维度下的新生代农民工市民化状况进行评价。模糊综合评价的基本思路是按照成功度评价方法,把各测量维度下的新生代农民工市民化状况分为高、较高、中等、较低、低五个等级,并用判断集 $V=$ {优、良、中、低、差}来表示,然后由七位专家进行独立打分,最后再结合各分层指标的权重做出综合评价。

以经济融入测量维度下的市民化状况评价为例,具体测算步骤如下:

因素集 $X=$ {就业环境 工资福利 生活负担}

评判集 $V=$ {优 良 中 低 差}

由七位专家对经济收入维度下的每个因素进行独立打分,可得到:

---

① 刘传江,徐建玲.中国农民工市民化进程研究[M].北京:人民出版社,2008:262.

$$R_X = \{优 \quad 良 \quad 中 \quad 低 \quad 差\}$$

$$R_T = \begin{bmatrix} 0 & 0 & 2/7 & 3/7 & 2/7 \\ 0 & 0 & 2/7 & 4/7 & 1/7 \\ 0 & 0 & 4/7 & 2/7 & 1/7 \end{bmatrix}$$

结合表 3-11,可以得出经济融入测量维度下 3 个一级指标(就业环境、工资福利、生活负担)相对于新生代农民工市民化整体的权重矩阵:

$$W_X = \begin{bmatrix} 0313 & 0134 & 0046 \end{bmatrix}$$

则:

$$B_X = W_X \cdot R_T = \begin{bmatrix} 0313 & 0134 & 0046 \end{bmatrix} \cdot \begin{bmatrix} 0 & 0 & 2/7 & 3/7 & 2/7 \\ 0 & 0 & 2/7 & 4/7 & 1/7 \\ 0 & 0 & 4/7 & 2/7 & 1/7 \end{bmatrix}$$

$$= \begin{bmatrix} 0000 & 0000 & 0153 & 0224 & 0115 \end{bmatrix}$$

上述判断矩阵说明,在经济融入测量维度下,新生代农民工市民化"优"的隶属度为 0.000,"良"的隶属度为 0.000,"中"的隶属度为 0.153,"低"的隶属度为 0.224,"差"的隶属度为 0.115。依据隶属度最大原则,可以认为新生代农民工在经济融入层面的市民化状况总体评价为"低"。

以此类推,可以得出新生代农民工在政治参与、社会交往和心理认同三个测量维度下的市民化状况分别为低、低(接近中)、中。

## 三、浙江省新生代农民工市民化状况总体评价

综上所述,浙江省新生代农民工市民化总体上处于较低的状态。其中,经济融入和政治参与两个测量维度下的市民化状况为"低",社会交往测量维度下的市民化状况为"低(接近中)",心理认同测量维度下的市民化状况为"中"。这说明新生代农民工虽然在职业稳定性和政治权利享受等方面与市民存在较大差距,但他们的社会交往范式已经逐渐向市民靠拢,并且在心理认同上更加倾向于接受"市民"身份而非"农民"身份。具体来看,本节的

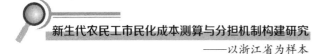

测算结果归纳如表 3-14 所示。

表 3-14　浙江省新生代农民工市民化现状综合评价

| 目标层 | 准则层 | 权重 | 测算结果 | | 总体评价 |
|---|---|---|---|---|---|
| | | | 层次分析法 | 模糊综合评价法 | |
| 市民化状况 | 经济融入 | 0.493 | 0.354 | 0.224 | 低 |
| | 政治参与 | 0.165 | 0.295 | 0.081 | 低 |
| | 社会交往 | 0.277 | 0.434 | 0.144 | 低（接近中） |
| | 心理认同 | 0.065 | 0.740 | 0.028 | 中 |

由上表可知,四个一级指标相对于浙江省新生代农民工市民化的总目标而言,其影响力是显著不同的。其中,经济融入的影响力最大,明显高于社会交往;政治参与的影响力略低于社会交往,但又明显高于心理认同。据此可以认为,各级政府部门在制定新生代农民工市民化政策时,应当按照"经济融入＞社会交往＞政治参与＞心理认同"的逻辑思路,渐次强化各个环节的政策措施,以最大限度地激发新生代农民工市民化的内在动力,消除相关政策的推行阻力。

# 本章小结

本章研究的核心目标是以科学规范的测算方法,尽可能对新生代农民工的市民化现状进行准确判断,进而为后续新生代农民工市民化成本评价指标体系构建和实证测算奠定扎实的现实基础。

为实现这一目标,本章首先基于马克思主义经典理论,对新时期加快推进新生代农民工市民化的价值意蕴进行了论述。本书认为,新生代农民工作为当前农民工群体的主体,是市民化意愿最强且最有可能优先实现市民化的群体。加快推进新生代农民工市民化,不仅是提高新型城镇化发展质量的内在要求,而且是全面贯彻落实共享发展理念的现实抓手,对加快推进基本公共服务均等化、实现社会福利资源配置的帕累托改进等具有重要意义。从实践价值来看,加快新生代农民工市民化是中国共产党性质和宗旨的直接表达,能够全面彰显中国特色社会主义制度优势,是实现中华民族伟大复兴中国梦的现实依托和坚强动力。

当然,推进新生代农民工市民化是一项艰巨复杂的系统工程,这一方面是因为我国农民工群体规模庞大,市民化诉求难以在短期内一次性得以实现和满足;另一方面是因为随着农民工群体的代际分化,新生代农民工在外出动机、行为模式和价值理念等许多方面均表现出与上一代农民工明显的差异。例如,从群体特征来看,新生代农民工的外出动机已由"生存型"向"发展型"转变,挣钱养家不再是其外出就业的核心动力;新生代农民工"三高一低"特征明显,市民化条件比上一代农民工更加成熟;新生代农民工的就业领域相对集中,呈现出明显的行业集聚态势,与上一代农民工大多集中在建筑业和加工制造业领域的情况有明显区别;新生代农民工的市民化意愿强烈,返乡意愿和返乡能力"双低";新生代农民工的利益诉求复杂多样,行为方式更加主动和多元化。

更进一步,我们可以看到,除了新老两代农民工的代际分化,新生代农民工群体内部也逐渐产生了裂变,衍生出"城市市民型""城市农民型"和"农村农民型"三个新生代农民工类型。研究发现,上述三者的构成主体和结构占比都表现出明显差异,其中"城市农民型"新生代农民工占比高达75%,成为当前和今后一个时期政府政策制定应当关注的重点。此外,由于上述三个类型的新生代农民工目前享受到的基本公共服务和合法权利等存在较大差异,因此各级政府应当切实结合其需求异质性,制定分门别类、渐次推进的市民化策略,改变"一刀切"的传统做法,这样既可以增强新生代农民工对现行政策的认可度和满意度,也可有效减少政府财政支出压力和政策推行

阻力。

在此基础上,本书依托"四维度"分析框架对新老两代农民工的市民化诉求进行了对比分析,探讨了新生代农民工市民化的需求异质性。总体来看,新生代农民工的市民化意愿更加强烈,行为方式更加主动。他们在经济融入层面更加看重实现职业发展的机会和可能性,并且摒弃了上一代农民工"寄钱回家"和"苦行僧"式生活方式,对享乐型和社交型消费的需求更加突出;在政治参与层面,他们渴望与市民享受同等的政治权利(如社会参与渠道和城市公共事务管理),对社会制度的公平性和参与性需求更加突出;在社会交往层面,他们积极拓展自身"弱关系"的次级社会关系网络,以弥补因"农村退出"导致的社会关系网络断裂和社会资本缺失,对交往的异质性、平等性和功利性需求更加突出;在心理认同层面,他们普遍倾向于接受"市民"的身份标签而拒绝"农民"和"外来人口"的刻板印象,对自我价值提升的需求更加突出。

为客观评价当前新生代农民工的市民化状况,本书在整合理论界现有研究成果的基础上,创新性地引入能够凸显新生代农民工代际特征和需求异质性的主客观指标,构建了"新生代农民工市民化评价指标体系",并采用层次分析法确定了各分层指标的权重。进而,本书依据问卷调查数据和有关部门统计公报公布的数据,从经济融入、政治参与、社会交往和心理认同四个层面,采用AHP与模糊综合评价相结合的方法,对新生代农民的市民化状况进行了实证测算。

研究发现,当前新生代农民工市民化整体处于相对较低的水平。其中,经济融入和政治参与两个测量维度下的市民化状况显著较低,社会交往测量维度下的市民化状况处于"低(接近中)"的水平,心理认同测量维度下的市民化状况处于中等程度。这一测算结果与我们的研究假设基本一致。同时,本书发现,四大测量维度对新生代农民工市民化的影响程度是显著不同的,其中经济融入的影响效果最为显著,其次为社会交往,再次为政治参与,最后为心理认同。该研究结论说明,各级政府今后在制定新生代农民工市民化政策时,应当按照"经济融入>社会交往>政治参与>心理认同"的逻辑思路,渐次强化各个环节的政策措施,以最大限度地激发新生代农民工市民化的内在动力,消除政策推行阻力。

当然,本书构建的新生代农民工市民化评价指标体系也存在一定的局限性,例如指标权重确定中仍存在一定的主观因素,相关指标的选取仍需实践进一步检验。在实证测算方面,采用层次分析法与模糊综合评价相结合的方法有利于克服单一研究手段的不足,但仍需根据更广泛的调研数据进行大样本验证,以进一步增强测算结果的说服力和可信度。

# 第四章 新生代农民工市民化成本 指标体系构建与实证测算

　　构建一个科学合理的新生代农民工市民化成本指标体系,是对浙江省新生代农民工市民化成本支出压力进行准确测算的前提。作为近年来的一个新兴研究领域,新生代农民工市民化成本研究目前仍处于探索阶段,国内学者对农民工市民化成本的概念内涵和指标构成等存在较大争议,相关研究结果的指标重叠和交叉现象严重,致使测算结果差异较大。即便是针对同一样本地区的实证测算,不同学者基于不同的市民化成本评价指标体系,采用不同的研究方法,得出的测算结果也难以收敛。例如,徐建荣[①]和张继良等[②]对江苏省农民工市民化成本的测算结果分别为 4.8 万元/人和 14.3 万元/人;周向东[③]和蒋仕龙等[④]测算的重庆市农民工市民化成本分别为 12 万元/人和 6.5 万元/人。从学术界现有成果来看,不仅缺少对浙江这一东部沿海地区典

---

　　① 徐建荣.新型城镇化下江苏农民工市民化成本探析[J].现代经济探讨,2015(2):73-77.

　　② 张继良,马洪福.江苏外来农民工市民化成本测算及分摊[J].中国农村观察,2015(2):44-56.

　　③ 周向东.重庆市农民工市民化转型成本测算及分担机制研究[D].重庆:重庆工商大学,2012.

　　④ 蒋仕龙,许峻桦.新生代农民工融入城镇成本研究[J].时代金融旬刊,2014(12):102-104.

型流动人口大省的实证研究,而且测算结果的巨大差异不利于各级政府对合理推进新生代农民工市民化进程的准确把握,进而导致各地本位主义思想严重、利益博弈现象突出,客观上对新生代农民工市民化形成了阻滞作用。

　　鉴于此,本章在对新生代农民工市民化成本概念及其内涵进行准确界定的基础上,结合新生代农民工的代际特征和需求异质性,构建了新生代农民工市民化成本指标体系,进而依据浙江省统计局发布的历年《浙江省国民经济和社会发展统计公报》数据,以及笔者前期课题调研中通过问卷发放收集到的数据,对浙江省新生代农民工市民化的个人成本和公共成本进行了实证测算,以期为各级政府部门合理准确判断推进新生代农民工市民化进程面临的财政支出压力,进而为构建多层次的新生代农民工市民化实现路径提供有效的理论支撑和决策依据。

# 第一节　新生代农民工市民化成本的概念内涵

## 一、新生代农民工市民化成本的概念内涵

　　从理论界现有研究成果来看,目前直接论述新生代农民工市民化成本的成果数量有限,更多学者从"农民工"这一群体的视角出发,探讨市民化成本的概念与指标构成。目前,理论界认可度最高的"农民工市民化成本"概念是张国胜提出的,即"使农民工在身份、地位、价值观、社会权利以及生产、生活方式等方面全面向城市市民转化并顺利融入城市社会所必须投入的最低资金量"[1]。根据国内学者的共识,农民工市民化成本主要分为个人成本、

---

　　① 张国胜.基于社会成本考虑的农民工市民化:一个转轨中发展大国的视角与政策选择[J].中国软科学,2009(4):56.

公共成本和企业成本三类。其中，个人成本（private cost）是指农民工为实现向城市市民身份的转化，其自身必须支付的最低资金量；公共成本（public cost）是指流入地政府为推进农民工市民化所必须支付的最低资金量（或用于农民工市民化的公共财政支出增量）；企业成本（enterprise cost）是指农民工所在企业为合理使用农民工劳动力并保障其基本权益所必须支付的最低资金量。由于企业成本通常被包含在企业正常生产运营过程中用于支付农民工工资及改善农民工工作和居住条件的费用之中，因此理论界很少涉及该类成本支出的研究。当前，国内学者主要从个人成本和公共成本两个层面，对"农民工市民化成本"这一整体概念进行分解研究和独立测算。

同时，伴随着我国新型城镇化的快速推进，理论界逐渐衍生出与农民工市民化成本相关的几个概念，如农村劳动力转移成本、农民市民化成本、人口城市化成本和农业转移人口市民化成本。本书认为，要对新生代农民工市民化成本进行准确测算，有必要对上述概念进行比对分析，从而确定一个相对科学严谨的农民工市民化成本概念。

### （一）农民工市民化成本与农村劳动力转移成本

根据"两阶段转移"理论，农民工要实现向市民身份的有效转化，客观上需要经历"从农民到农民工""从农民工到市民"这两个过程。更进一步，根据市民化完成程度的差异，又可将农民市民化的整体进程划分为三个阶段，即农村退出、城市进入和城市融入。本书探讨的农民工市民化成本，主要集中在后面两个阶段，即从农民工到市民的"城市进入＋城市融入"阶段。

与之不同的是，农村劳动力转移成本主要集中在第一阶段，即农民离开户籍所在地向城市流动并顺利完成职业转换所必须支付的最低成本，包括经济成本（economic cost）和非经济成本（non-economic cost）。[①] 李秉龙、李

---

① 曾亿武，丘银. 我国农民工市民化成本研究综述[J]. 安徽农业科学，2012（17）：95-98.

毳认为,农村劳动力转移的经济成本主要包括旅途成本、证卡费用、求职成本、培训成本和生活成本等,而非经济成本则主要包括心理成本和社会歧视成本等。[①] 曹宗平指出,农村劳动力转移成本除了经济成本和非经济成本等针对农民工个人的成本支出外,还会带来显著的社会成本,如为应对规律性的"春运",流入地政府每年在交通运输和治安管理等方面投入的公共成本。[②]

总体来看,农民工市民化成本主要是针对城市进入和城市融入两个阶段的成本支出,而农村劳动力转移成本主要是针对农村退出(包括部分城市进入)阶段的成本支出。显然,不论是概念内涵还是任务复杂性,前者都比后者要多得多。对流入地政府而言,农民工市民化成本的规模总量和带来的财政支出压力更大,农民工自身所需支付的成本也将增加。

### (二)农民工市民化成本与农民市民化成本

姜作培认为,农民市民化是指在我国现代化建设的过程中,广大农民在产业领域和职业类型上,逐步离开农村土地和农业生产方式,开始向城市迁移并从事非农产业的过程,具体来看,包括身份、地位和工作生活方式等全面向市民转化的过程。[③] 换言之,农民市民化对应从"农民"到"市民"的整个经济社会过程,其实质是农村人口的城市化过程,囊括了农村退出、城市进入和城市融入三个自然阶段。从这个意义上说,"农民市民化成本"概念的外延要比"农民工市民化成本"更加宽泛。这也就不难理解,为何刘传江提出"农民市民化至多只是一个针对性不强的抽象命题",并进一步强调"我国

---

① 李秉龙,李毳.农民进城就业的成本收益与行为特征分析[J].农业经济问题,2004(10):37-43.

② 曹宗平.农村剩余劳动力转移的成本分析及路径选择[J].山东社会科学,2009(4):74-81.

③ 姜作培.从战略高度认识农民市民化[J].现代经济探讨,2002(12):34-40.

亟须关注的是农民工市民化问题,而不是泛泛意义上的农民市民化问题"。①

### (三)农民工市民化成本与人口城市化成本

农民工市民化是我国新型城镇化建设的核心问题,但农民工只是人口城市化的主体,并不是全部,因此农民工市民化成本要小于人口城市化成本。就概念而言,人口城市化成本主要是指随着城市人口的增加,地方政府为了解决相应城市化人口的增长而必须投入的经济资本数量,通常包括城市基础设施建设成本和城市新增人口就业成本等。② 在一般意义上,人口城市化成本是一个增量指标,特指城市每新增一个市民化人口,地方政府必须投入的成本增量。从形成逻辑来看,人口城市化的途径要比农民工市民化广泛,包括高校招生、投靠亲友、投资买房、进城打工等。而农民工市民化的途径则相对狭窄,通常仅为在流入地城市打工就业,并因此成为推动人口城市化的最主要力量。

### (四)农民工市民化成本与农业转移人口市民化成本

农业转移人口市民化成本概念是在《国家新型城镇化规划(2014—2020年)》中明确提出的,是指城市政府、用工企业和农业转移人口(农民工)为满足向城市市民身份的有效转变所必须承担的相应费用。根据成本承担主体的不同,可分为公共成本、企业成本和个人成本三种类型。胡成杰认为,农业转移人口市民化本质上蕴含着三层逻辑关系,即制度层面的市民化、经济层面的市民化、社会和文化层面的市民化③,因此相应的成本也包括制度接纳成本、经济融入成本和社交文化认同成本。段靖、马燕玲认为,农业转移

---

① 刘传江.城乡统筹发展视角下的农民工市民化[J].人口研究,2005(4):48-56.

② 张国胜.基于社会成本考虑的农民工市民化:一个转轨中发展大国的视角与政策选择[J].中国软科学,2009(4):56.

③ 胡成杰.农民工市民化问题研究[J].兰州学刊,2010(8):67-74.

人口市民化成本是指农业转移人口向城镇迁移、定居生活并获得相应福利待遇和均等化公共服务所须付出的人力、物力的经济成本。从广义上来说，即城市每增加一个单位的人口所产生的成本；从狭义上来说，根据不同的承担主体可分为公共成本、个人成本和企业成本三部分。[①] 从理论界现有研究来看，国内学者通常将农业转移人口市民化成本等同于农民工市民化成本，但深入研究可以发现，农民工市民化成本其实只是农业转移人口市民化成本在狭义层面的解释，二者并不完全一致。当然，这对该问题的研究并不会造成重大的认识分歧和结果误差，因此理论界通常并不会对二者进行严格的概念区分。

## 二、新生代农民工市民化成本的具体构成

本书在研究中采用狭义的农民工市民化成本概念，即新生代农民工进入城市后为实现其向市民身份的有效转变，政府、企业和农民工个人所需支付的最低资金量。根据承担主体的不同，可分为公共成本、企业成本和个人成本三种类型（见表 4-1）。根据《国家新型城镇化规划（2014—2020 年）》，公共成本主要是指"流入地城市为使农民工市民化需要在义务教育、劳动就业、基本养老、基本医疗卫生、保障性住房以及市政设施等方面投入的最低资金量"；企业成本是指"企业为落实农民工与城镇职工同工同酬，在加大职工技能培训力度、依法为农民工缴纳职工'五险一金'等社会保险费用所需投入的最低资金量"；个人成本是指农民工在市民化过程中，为适应城市工作生活所需支付的直接经济成本，以及为了提高自身人力资本和强化社会资本所需投入的间接经济成本的总和。

由上述分析可知，新生代农民工市民化成本在具体构成上有两个特点：

---

① 段靖,马燕玲.市民化成本测算方法分析与比较[J].地方财政研究,2017(10)：85-91.

一是不同类型成本之间的具体指标存在交叉现象,如社会保障成本在公共成本、个人成本和企业成本中均有体现,需要政府、农民工和企业共同承担;二是农民工市民化成本通常是一个"下限"成本概念,即为了实现市民化目标,各相关主体所需承担的最低资金量。

表 4-1　新生代农民工市民化成本的分类及构成

| | 分类 | 成本主体 | 成本构成 |
|---|---|---|---|
| 市民化总成本 | 公共成本 | 各级政府部门 | 城市基础设施建设成本 |
| | | | 保障性住房成本 |
| | | | 城市公共服务成本 |
| | | | 城市管理成本 |
| | | | 社会保障成本 |
| | | | 随迁子女义务教育成本 |
| | 个人成本 | 新生代农民工 | 城市生活成本 |
| | | | 居住成本 |
| | | | 社会保障成本 |
| | | | 机会成本 |
| | | | 资本再造成本 |
| | | | 享乐成本 |
| | 企业成本 | 用工企业 | 社会保障成本 |
| | | | 技能培训成本 |
| | | | 用工成本 |

资料来源:根据理论界现有文献资料整理、筛选、归纳而成

在下一节,我们在构建新生代农民工市民化成本指标体系时,将对各细分成本的具体构成和代表性指标选取进行详细说明,此处暂略。

# 第二节　新生代农民工市民化成本指标体系构建

构建科学规范的新生代农民工市民化成本评价指标体系,是对各成本分担主体支出责任和分担比例进行合理确定的重要前提,直接关系到各级政府对市民化成本支出压力的准确判断。因此,本书在构建市民化成本评价指标体系时,首先明确遵循系统性、科学性、典型性、可操作性和数据可获得性五大原则,进而在对国内学者前期研究成果进行梳理的基础上,创新性地引入能凸显新生代农民工代际特征和需求异质性的相关指标,对理论界现有的评价指标体系进行了完善。

## 一、构建评价指标体系的基本原则

### (一)系统性原则

如前所述,新生代农民工市民化是一项复杂的系统工程,涉及政府、企业、农民工和市民等多个行为主体。即便是在政府这一维度,也包括中央政府和地方政府、流出地政府与流入地政府等多个层面。因此,要科学准确地考察新生代农民工市民化成本,首先必须明确成本构成的系统性原则,即市民化成本由多个子系统共同构成,而且每个子系统又包括类型多样的细分指标,各细分指标之间又存在密切的交叉互联现象。从这个意义上说,构建新生代农民工市民化成本特别是进行成本实证测算时,既要全面统筹,避免指标错漏;又要合理平衡,避免交叉重复,从而力求最大限度地客观反映市民化成本的情况。

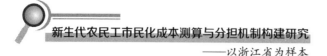
### (二)科学性原则

构建市民化成本评价指标体系的直接目标是为实证测算提供客观依据,而成本实证测算的根本目的则是为各级政府合理把握市民化成本支出压力提供科学参考。当前,农民工市民化成本分担之所以困难重重,一个客观原因就是理论研究的结果差异过大,而地方政府又存在明显的本位主义思想,对市民化成本分担存在畏难情绪,"成本恐高症"致使流入地政府和流出地政府的利益博弈现象十分突出。因此,构建市民化成本评价指标体系必须严格遵循科学性原则,在实证测算中既不盲目夸大,也不刻意缩小,要秉承客观中立的原则科学看待市民化成本规模总量,为制定合理的市民化推进方案提供可信的参考依据。

### (三)典型性原则

新生代农民工作为当前我国农民工市民化的主体,呈现出与上一代农民工显著不同的若干代际特征。因此,要客观考察其市民化成本,就必须在指标选取上进行谨慎思考,既要尽可能地把凸显其代际特征和需求异质性的典型性指标囊括在内,又要避免指标过细过多,特别是要避免相关指标的重叠和交叉等情况,以确保各分层指标能够尽可能全面、准确地反映新生代农民工为获得与城市市民均等的基本公共服务和社会权利所需要的社会成本水平。在此方面,本书将基于对国内现有研究成果的梳理,对相关代表性指标进行筛选。

### (四)可操作性原则

构建市民化成本指标体系最主要的作用是为新生代农民工市民化成本测算奠定基础,因此在指标体系的构建思路和指标选取方面,都要始终遵循可操作性原则。特别是一些新增主客观指标的选择,要依托可操作性原则进行细致筛选,避免理论价值突出但难以量化操作的指标出现。同时,市民化成本的实证测算需要明确各分层指标的计算公式,此时若选取实数指标则更容易计算,一定程度上也有助于减少测算结果的误差。

**(五)数据可获得性原则**

要客观反映当前新生代农民工市民化成本的总量规模和结构特征,必须确保所采用数据的来源和获取渠道真实可信,同时要尽量确保数据的全面性和连贯性。为实现这一目标,本书采用的数据主要来自浙江省统计局历年发布的《浙江省国民经济和社会发展统计公报》,以及浙江省财政厅公布的历年浙江省本级和全省财政决算公开表数据。对于部分难以直接获得的数据,本书主要依托笔者前期进行课题研究时通过问卷发放收集到的部分数据,以及国家统计局发布的历年《全国农民工监测调查报告》中的数据,力求确保依托的数据真实、可信、全面,为实证测算奠定基础。

## 二、新生代农民工市民化成本评价指标体系的具体内容

根据国内学者的共识,新生代农民工市民化的企业成本通常被包含在企业正常的生产和经营活动之中,并不会独立列支。因此,本书主要从个人成本和公共成本两个层面,构建新生代农民工市民化评价指标体系,具体如表 4-2 所示。

由于新生代农民工市民化的概念内涵十分丰富,在进行指标体系构建和实证测算时,不可能穷尽所有的指标。因此,本书在参考和借鉴国内学者相关研究成果的基础上,选取了最具代表性和学术界认可度最高的 12 项指标,构建了新生代农民工市民化评价指标体系。对个人成本和公共成本两个层面的指标选择和各测量指标的具体含义说明如下。

表 4-2　新生代农民工市民化成本评价指标体系

| 目标层 | 一级指标 | 编　码 | 含义及计算方法 |
|---|---|---|---|
| 个人成本 | 城市生活成本 | $C_1$ | 在城市正常工作和生活所需的最低个人支出 |
| | 居住成本 | $C_2$ | 为在城市安居需支付的最低资金量 |
| | 社会保障成本 | $C_3$ | 为获取城镇基本社会保险需支付的最低资金量 |
| | 机会成本 | $C_4$ | 放弃农村土地经营所可能获取的经济净收益 |
| | 资本再造成本 | $C_5$ | 为强化人力资本和拓展社会关系网络所需支出的最低资金量 |
| | 享乐成本 | $C_6$ | 受补偿心理影响而进行非理性消费所产生的资金支出 |
| 公共成本 | 城市基础设施建设成本 | $C_7$ | 流入地政府为满足新增人口需求加强城市基础设施建设所需支出的最低人均资金量 |
| | 保障性住房成本 | $C_8$ | 流入地政府为解决新增人口居住需求进行保障性住房建设所需投入的最低人均资金量 |
| | 随迁子女义务教育成本 | $C_9$ | 流入地政府为保障农民工随迁子女基本受教育权利而需投入的最低人均资金量 |
| | 社会保障成本 | $C_{10}$ | 流入地政府为保障农民工在城镇获得基本社会保障权益而必须支付的人均资金增量 |
| | 城市公共服务成本 | $C_{11}$ | 流入地政府为满足农民工职业技能培训和就业服务等需求所需投入的人均资金增量 |
| | 行政管理成本 | $C_{12}$ | 流入地政府为保证城市正常运转在日常管理中所需支付的行政成本和公共安全成本增量 |

资料来源:许光.新生代农民工城市融入的成本测度及分担机制构建:基于私人成本支出的视角[J].中共浙江省委党校学报,2014(1):118-125.

## （一）新生代农民工市民化的个人成本

此处的个人成本，是指新生代农民工为了实现由乡—城移民向城市市民身份的彻底转化，在城市生活、居住、就业、社会保障和资本再造等方面所需投入的最低资金量，包括城市生活成本、居住成本、社会保障成本、机会成本、资本再造成本和享乐成本六大类。[①]　其中，前4项指标是国内学者在进行市民化成本测算时通常采用的指标，具有较高的学术认可度；资本再造成本和享乐成本则是本书的创新性引入。

本书认为，资本再造成本是指新生代农民工为了增强自身的人力资本禀赋以及重构社会关系网所需投入的最低资金量，包括接受职业教育和技能培训，以及进行社会交往所需支出的经济成本。享乐成本是指新生代农民工为了补偿在城市生活的心理落差，改变"农民工"和"外来人口"等一系列刻板印象而进行自我投资所需的最低资金量，以及因为生活理念和消费模式等发生转变而进行相关的炫耀性支出所需的最低资金量。

1. 城市生活成本（living cost）

城市生活成本（简记为 $C_1$）是指新生代农民工为维持在城市正常工作和生活所需支付的最低资金量，一般包括水、电、燃气、交通、通信、食品等的开支总和。由于在城市的居住成本数额较大且对新生代农民工市民化有显著影响，因此国内学者在对城市生活成本进行计算时，通常将住房成本（包括租金和购房资金）剔除在外。总体来看，城市生活成本衡量的是新生代农民工与城市居民的消费差距，因此本书参考周向东[②]的研究方法，用城镇居民消费水平与农民消费水平之间的差额来代替新生代农民工的消费水平。假

---

① 许光.新生代农民工城市融入的成本测度及分担机制构建：基于私人成本支出的视角[J].中共浙江省委党校学报,2014(1):118-125.

② 周向东.重庆市农民工市民化转型成本测算及分担机制研究[D].重庆：重庆工商大学,2012.

设 $P$ 和 $Q$ 分别为扣除住房支出后的城镇居民人均消费性支出和农村居民人均生活消费性支出,则 $C_1 = P - Q$。

2.居住成本(resident cost)

居住成本(简记为 $C_2$)是指新生代农民工为了在城市拥有合法稳定住所须支付的最低资金量。对于该项成本的测算,理论界通常有两种方法:一种是计算新生代农民工为了获得所在城市平均标准住房面积所需支付的人均租金[①];另一种是计算新生代农民工所在城市的人均住房成本(即购房成本)[②]。考虑到新生代农民工市民化是一个长期的过程,通常要满足其举家迁移和随迁子女义务教育的需求,仅靠租房推进新生代农民工市民化不论是在合理性还是可行性上都有待商榷,因此本书采用第二种方法对居住成本进行测算。假设 $R$ 为所在城市的人均住房面积,$U$ 为该城市的住宅投资总额,$V$ 为住宅竣工面积,则 $C_2 = R * (U/V)$,即人均住房面积与单位住房面积平均造价的乘积。

3.社会保障成本(social security cost)

社会保障成本(简记为 $C_3$)是指新生代农民工为了获得与城镇职工相同的社会保险,在养老、失业、医疗、工伤、生育等方面所须投入的最低资金量,包括需要短期内一次性支付的成本和需要长期支付的成本两部分。本书认为,新生代农民工市民化的社会保障成本主要是指为了实现向市民身份的转变,在"城市进入"向"城市融入"转移阶段所需投入的成本增量。因此,我们根据《浙江省流动人口居住登记条例》的有关规定,以"临时居住证"和"居住证"有效期的均值"6 年"为时间单位,估算新生代农民工市民化的社会保障成本。假设 $S$ 为所在城市的人均年社会保险支出,$D$ 为新生代农民工的进城务工时间(此处采取均值 6 年),则社会保障成本 $C_3 = 6S$。

---

① 孟令杰.市民化中的农民与政府行为分析[J].农业经济问题,2008(10):91-95.

② 张国胜,杨先明.中国农民工市民化的社会成本研究[J].经济界,2008(5):61-68.

4.机会成本(opportunity cost)

机会成本(简记为 $C_4$)是指新生代农民工进入城市后因放弃了农村土地产权从而损失的土地经营或承包所可能带来的年收益(经济净收益),包括农业生产收益和兼业经营收益两部分。在对该成本进行计算时,国内学者通常以农村居民人均纯收入来近似替代农民工市民化机会成本。但要注意,农村居民人均纯收入中的转移性收入既包括国家补助等二次分配收入,也包括农村家庭外出打工获得的货币资金,因此为了避免重复计算,需要在测算中将这一部分因素剔除。假设 $L_1$ 为同期农村居民人均纯收入, $L_2$ 为转移性收入,则 $C_4 = L_1 - L_2$。

5.资本再造成本(capital rebuild cost)

资本再造成本(简记为 $C_5$)是指新生代农民工为了弥补前期受教育的不足而进行的人力资本投资支出,以及为了弥补原有农村社会关系网络断裂而进行社会资本拓展所需的最低资金量,本质上考察的是新生代农民工为了弥补与市民在资本禀赋上的差距所需投入的成本增量。由于社会交往所需的成本支出缺乏统一标准且难以测量,因此本书以人力资本投资支出作为资本再造成本的近似替代,具体测算中考察农民工人均教育支出与城镇居民人均教育支出的差值。假设 $H_r$ 为考察期内城镇居民的人均教育支出, $H_u$ 为同期农村居民人均教育支出(扣除旅游休闲娱乐费),则 $C_5 = H_r - H_u$。

6.享乐成本(enjoyment cost)

享乐成本(简记为 $C_6$)是指新生代农民工由于市民意识的增强和行为理念的转变,为了弥补在城市生活的心理落差,以及消除"农民工"和"外来人口"等固化标签与刻板印象,有意识地进行炫耀性消费所产生的经济成本。由于该指标是本书的一个探索性创新,在测算时需要考虑两个因素:一是该指标在新生代农民工市民化成本中的比重,二是所在城市中等收入户家庭的消费水平。从当前各省设定的小康目标来看,基本将城市居民娱乐服务支出占家庭消费支出的比重确定为18%。本书根据经验事实,将该指标略

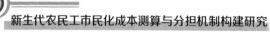

微下调至 $14\%$[①]。假设 $J$ 为城镇中等收入户家庭的人均消费水平,则 $C_6 = 0.14 * J$。

### (二)新生代农民工市民化的公共成本

新生代农民工市民化的公共成本(public cost)是指流入地政府为保障新生代农民工与城市居民享有同等的基本公共服务和福利待遇,保障其在城市正常工作和生活、维持城市正常运转所须支付的最低资金量,具体包括城市基础设施建设成本、保障性住房成本、随迁子女义务教育成本、社会保障成本、城市公共服务成本和行政管理成本六大类。从学术界现有研究成果来看,国内学者对农民工市民化公共成本的主流测算方法有两种:一是从整体视角出发,计算在特定时间内为推进一定规模的农民工市民化所需支出的财政资金总量;二是从个体视角出发,测算在特定时间内流入地政府为实现一个城市新增人口向市民转化所需支出的成本增量。由于新生代农民工具有较强的流动性,各地农民工的规模和数量并不会呈常数存在,因此第二种方法相对更为合理。因此,本书在进行实证测算时将采用第二种方法,从人均成本角度计算公共成本的支出增量。

1.城市基础设施建设成本(facility cost)

城市基础设施建设成本(简记为 $C_7$)是指在新生代农民工市民化过程中,流入地政府为了维持城市正常运转、满足城市居民日常需要所需投入的公共基础设施建设资金,包括新建道路和供水供电设施等成本支出。从成

---

① 孟颖颖、邓大松指出,农民工"收入拐点"远高于同期城镇职工的平均工资水平。课题组调研发现,受社会比较心理和收入补偿心理的共同作用,新生代农民工的炫耀性消费心理基本与城镇中等收入家庭持平。(参见孟颖颖,邓大松.农民工城市融合中的"收入悖论":以湖北省武汉市为例[J].中国人口科学,2011(1):74-82.)此外,18%为当前部分经济发达省份(江苏省)设定的娱乐服务支出占家庭消费支出的"小康"比重,根据经验事实,城镇中等收入家庭中该比重为13%~15%,此处取均值14%。(参见徐付梅.居民消费观念悄然转变[N].邳州日报,2012-04-27(04).)

本统计的角度来看,通常难以单独测算流入地政府专门针对新生代农民工投入的基础设施建设成本,因此本书在计算时采用直接成本计算法。假设城镇固定资产投资额为 $FAI$,房地产开发投资额为 $REI$,城镇常住人口为 $RP$,则 $C_7 = (FAI - REI)/RP$。

2.保障性住房成本(affordable housing cost)

保障性住房成本(简记为 $C_8$)是指流入地政府为了帮助收入水平相对较低的新生代农民工完成市民化过程,通过提供相应的保障性住房解决其居住问题所须支付的最低资金量。从当前国内各地的实践来看,保障性住房成本主要有两种:一种是流入地政府通过建造低成本的保障性住房直接给予符合相应条件的申请人使用;另一种是对满足保障条件的申请人给予货币化补贴。由于新生代农民工的居留意愿十分强烈,靠货币化补贴和长期租房的方式推进其市民化进程困难较大,因此本书按照第一种方案计算人均保障性住房成本。

根据国内学者的研究成果,农业转移人口中愿意而且能够购买到低价保障房的实际比例约为3%,愿意而且能够获得货币化租赁补贴的实际比例约为5%。[①] 因此假设保障性住房建造单价为 $HC$,人均住房面积为 $HA$,人均住房补贴额为 $HS$,则 $C_8 = HC * HA * 0.03 + HS * 0.05$。

3.随迁子女义务教育成本(compulsory education cost)

随迁子女义务教育成本(简记为 $C_9$)是指流入地政府为了满足新生代农民工随迁子女对城市义务教育资源需求的增加,而相应加大义务教育经费投入和以校区建设为主的基础设施建设投入所需的最低资金量。根据理论界现有研究,农业转移人口市民化进程中随迁子女的增加与城市小学和初中校舍的建造数量增长并不一定呈正相关关系,而且根据浙江省历年统计数据,中小学校舍建设的人均成本不足 150 元,因此本书在测算中将

---

① 李永乐,代安源.农业转移人口市民化成本核算及其分担研究:基于2005—2014年的南京市数据分析[J].华东师范大学学报(哲学社会科学版),2017(6):156-162.

校区建设成本忽略不计。同时，根据国家统计局公布的数据，农民工儿童抚养比例为 49.8%，按照这一比例即可计算出流入地政府在随迁子女义务教育上的人均成本支出。假设现阶段城镇子女义务教育经费支出为 $EC$，则 $C_9 = EC * 0.49$。

4. 社会保障成本（social security cost）

社会保障成本（简记为 $C_{10}$）是指流入地政府为了满足新生代农民工市民化后与城市居民享有同等的社会保障待遇，而需要在社会保险及就业方面支出的成本总额，包括养老保险、失业保险、医疗保险、工伤保险和生育保险。由于难以准确测算流入地政府专门用于新生代农民工的社会保障支出，因此，我们用流入地人均社保与就业成本对该指标进行近似替代。假设政府财政预算中的社会保障和就业支出为 $SC$，流入地城镇常住人口数为 $RP$，则 $C_{10} = SC/RP$。

5. 城市公共服务成本（public service cost）

公共服务成本（简记为 $C_{11}$）是指流入地政府为满足新生代农民工市民化需要，在公共服务领域增加的成本支出，是用于公共安全、公共教育、公共服务、文体传媒、医疗卫生和环境保护六大领域的财政支出总和。由于公共教育支出已在随迁子女义务教育成本中部分列支，为了防止重复计算，此处我们暂将该指标予以排除。根据浙江省统计局发布的历年《浙江统计年鉴》，将上述五类指标逐项加总，即可得到城市公共服务成本总额。假设一般公共服务成本为 $GS$，公共安全成本为 $PS$，文体传媒成本为 $CM$，医疗卫生成本为 $MH$，环境保护成本为 $EP$，城镇常住人口数为 $RP$，则 $C_{11} = (GS + PS + CM + MH + EP)/RP$。

6. 行政管理成本（administration cost）

行政管理成本（简记为 $C_{12}$）是指流入地政府为满足新生代农民工市民化后因城市人口增加而需在城市健康、可持续运行方面投入的财政资金量，通常按照年度以一般财政预算的方式开支。由于行政管理成本通常并不会专门针对新生代农民工开支，即农民工在向城市迁移之前，其在农村也能够享受到相应的政府公共管理开支,因此在计算时只需考察其进入城镇后政府公共管理成本的增加值,即城乡公共管理成本差额。同时,由于教育经费支出已在随迁子女义务教育成本中列支,此处同样需要在一般财政预算支出中扣除。假设城市人均一般财政支出为 $CAF$,农村人均一般财政支出为 $RAF$,则 $C_{12}=CAF-RAF$。

# 第三节　浙江省新生代农民工市民化个人成本测算

根据表 4-2 构建的新生代农民工市民化成本评价指标体系,以及本章第二节对个人成本具体指标构成的说明,本书依据浙江省统计局发布的 2015 年至 2017 年《浙江统计年鉴》和《浙江省国民经济和社会发展统计公报》中的有关数据,以及笔者在前期课题研究中通过问卷调查收集到的相关数据,对浙江省新生代农民工市民化的个人成本进行实证测算。

需要说明的是,理论界目前有关农业转移人口市民化成本的研究通常是将农民工放在与城市中低收入户家庭相比较的基础上,以此作为农民工市民化后应达到的参考标准。但事实上新生代农民工市民化存在"收入拐点",而且受社会比较心理和收入补偿心理的影响,其"收入拐点"的极限水平远高于同期城镇职工的平均工资水平[1]。为了提高实证研究的信度,本书在进行个人成本测算时,尝试以浙江省同期城镇中等收入家庭户为参照基准,而不采用理论界惯常使用的中低收入户家庭标准。

## 一、指标权重确定

确定各分类指标的权重是进行实证测算的首要工作。从理论界现有研

---

[1]　孟颖颖,邓大松.农民工城市融合中的"收入悖论":以湖北省武汉市为例[J].中国人口科学,2011(1):74-82.

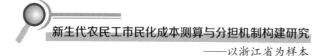

究成果来看,国内学者通常倾向于采用主观赋值法,即通过问卷调查和召开专家座谈会等方式,由若干名专家基于经验事实对各项指标的权重进行独立打分,然后取其均值。客观而言,该种方法操作简便且直观易懂,但由于是人为赋值,因此难免带有一定的主观性和不确定性,某些情况下甚至会严重影响测算结果的准确性。为减少主观赋值法可能对新生代农民工市民化个人成本造成的不良影响,本书采用层次分析法,将指标体系中各一级指标的数值都设定在 0~100 的范围内,首先构建判断矩阵及重要度计算和一致性检验,根据公式(3-1)(3-2)可以得出六项一级指标对新生代农民工市民化个人成本的影响程度,结果如表 4-3 所示。由于采用层次分析法计算指标权重的步骤与第三章第五节相似,故略去具体计算过程,此处仅给出最终结果。

表 4-3　各分类指标对市民化个人成本的影响因子

|  | 生活成本 | 居住成本 | 社保成本 | 机会成本 | 资本再造成本 | 享乐成本 | $W_i$ |
|---|---|---|---|---|---|---|---|
| 生活成本 | 1 | 4/5 | 6/5 | 3/2 | 5/4 | 7/6 | 0.20 |
| 居住成本 | 5/4 | 1 | 4/3 | 3/2 | 3/2 | 2/1 | 0.23 |
| 社保成本 | 5/6 | 3/4 | 1 | 4/3 | 6/5 | 3/2 | 0.18 |
| 机会成本 | 2/3 | 2/3 | 3/4 | 1 | 4/5 | 7/6 | 0.13 |
| 资本再造成本 | 4/5 | 2/3 | 5/6 | 5/4 | 1 | 4/3 | 0.15 |
| 享乐成本 | 6/7 | 1/2 | 2/3 | 6/7 | 3/4 | 1 | 0.11 |

由表 4-3 可知,城市生活成本、居住成本、社会保障成本、机会成本、资本再造成本和享乐成本六项指标对新生代农民工市民化个人成本的影响系数分别为 0.20、0.23、0.18、0.13、0.15、0.11。进而可以得出浙江省新生代农民工市民化个人成本(简记为 $CIPC$)的计算公式:

$$CIPC = 0.2 * C_1 + 0.23 * C_2 + 0.18 * C_3 + 0.13 * C_4 + 0.15 * C_5 + 0.11 * C_6$$

$$(4-1)$$

## 二、实证测算

浙江省作为我国东部沿海地区的流动人口大省,长期面临着新生代农民工市民化的巨大压力。尽管 2012 年浙江省实施"机器换人"战略之后,外来流动人口的数量有所减少,但新生代农民工总量规模大、市民化意愿强烈的现状并未根本改变,因此以浙江省为例测算新生代农民工市民化个人成本具有重要意义。

在具体测算中,本书主要采用浙江省统计局发布的 2015 年至 2017 年《浙江统计年鉴》和《浙江省国民经济和社会发展统计公报》中公布的数据。由于浙江省区域经济发展不平衡,各地新生代农民工的数量、地方政府财政能力等各不相同,因此为确保测算结果的科学性、准确性,本书首先对 2014 年至 2016 年三个自然年份的新生代农民工市民化个人成本分别进行测算。在此基础上,再对三个数值进行无差异化均值分析(平均数法)。

由于本书构建的新生代农民工市民化成本指标体系中有若干项新增的主客观指标,为了弥补官方统计数据的不足,笔者依托前期承担的相关课题于 2016 年春节前后进行了问卷发放。在问卷发放时,主要采用分层随机抽样和偶遇性抽样相结合的方法,共发放调查问卷 800 份,收回 786 份,其中有效问卷 744 份,问卷有效率 93%。为测算问卷的信度及各指标设定的合理性,我们利用 SPSS 16.0 对有效问卷进行了克朗巴赫 α 系数检验。结果发现,调查问卷六项指标的信度均达到了 0.70 以上,问卷总体信度达到 0.91,处于较高水平(见表 4-4)。这说明调查问卷的设计比较合理,问卷数据整体上可靠性较高。

表 4-4　调查问卷的信度分析

|  | 生活成本 | 居住成本 | 社保成本 | 机会成本 | 资本再造成本 | 享乐成本 | 总体 |
|---|---|---|---|---|---|---|---|
| $\alpha$ 系数 | 0.843 | 0.792 | 0.745 | 0.717 | 0.752 | 0.741 | 0.914 |
| $p$ 值 | 0.00 | 0.00 | 0.00 | 0.00 | 0.00 | 0.00 | 0.00 |

在此基础上,根据第二节对新生代农民工市民化个人成本中六大类指标的概念界定和构成说明,再结合各分层指标的具体计算公式,将 2015 至 2017 年《浙江统计年鉴》和《浙江省国民经济与社会发展统计公报》中的相关数据代入其中,即可计算得出 $C_1$ 至 $C_6$ 的具体数值(见表 4-5)。进而根据公式(4-1),可计算得出 2014 年至 2016 年不同年份新生代农民工市民化的个人总成本。

更进一步,为了平衡不同年份数值差异可能对测算结果造成的误差,本书采用平均数法对各年度的测算结果进行加权平均,以消除偶发性因素可能导致的不良影响。

由表 4-5 可知,2014—2016 年浙江省新生代农民工市民化个人成本的均值为 20.07 万元,即一个新生代农民工要实现向市民身份的有效转化,获取与所在地城市市民相同的基本公共服务和社会福利待遇,其自身需要支付约 20 万元的市民化成本。

表 4-5　2014—2016 年浙江省新生代农民工市民化个人成本

|  | 2014 年 | 2015 年 | 2016 年 | 均值 | 占比/% |
|---|---|---|---|---|---|
| 城市生活成本/(元/人) | 9694 | 10375 | 11476 | 10515 | 5.23 |
| 居住成本/(元/人) | 87696 | 107116 | 287834 | 160882 | 80.17 |
| 社会保障成本/(元/人) | 12510 | 13638 | 16602 | 14250 | 7.10 |
| 机会成本/(元/人) | 9501 | 10701 | 12304 | 10835 | 5.40 |

|  | 2014 年 | 2015 年 | 2016 年 | 均值 | 占比/% |
|---|---|---|---|---|---|
| 资本再造成本/(元/人) | 1585 | 1892 | 2110 | 1862 | 0.94 |
| 享乐成本/(元/人) | 2047 | 2256 | 2672 | 2325 | 1.16 |
| 总成本/(元/人) | 123033 | 145978 | 332998 | 200669 | 100.00 |

①城镇居民人均消费性支出及农村居民人均生活支出数据来源于《浙江统计年鉴 2012》表 5-22 和表 5-37。

②住宅投资总额及竣工面积数据来源于《浙江统计年鉴 2012》表 3-2,城镇居民人均住房面积来源于《浙江统计年鉴 2012》表 5-1。

③城镇居民家庭人均社会保障支出数据来源于《浙江统计年鉴 2012》表 5-20。

④农村居民人均纯收入及转移性收入数据来源于《浙江统计年鉴 2012》表 5-35。

⑤城镇居民和农村居民人均教育支出数据分别来源于《浙江统计年鉴 2012》表 5-18和表 5-37。

⑥城镇中等收入户家庭人均消费性支出数据来源于《浙江统计年鉴 2012》表 5-23。

就浙江省而言,由于城乡统一的劳动力市场建设相对完善,各级政府对企业用工的规范性(如劳动合同签订率、农民工社会保障参保率等)关注度较高,因此浙江省新生代农民工的经济收入水平相比国内其他地区要好。尽管如此,20 万元的市民化成本对大多数新生代农民工来说,支出压力仍然偏高。同时,本书测算的"居住成本"是以流入地政府建设保障性住房人均成本作为近似替代的,如果按照中国人传统的"安家立业"概念来理解,新生代农民工如果要通过在城市买房定居的方式实现市民化,则个人总成本会进一步增高。

将浙江省 20 万元的市民化个人成本与同期其他地区相比较,可以发现该数值也相对偏高(本章第五节会具体讨论,此处暂略)。从浙江省的实际情况来看,高昂的城市生活成本和居住成本等对新生代农民工的市民化意愿形成了显著的抑制效应。以杭州市为例,在滨江区和萧山区等加工制造

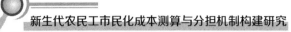

业密集的地区，以及余杭区和富阳区等居民服务业相对发达的地区，新生代农民工的流动性都非常大。许多受访者表示，他们在城市习得一技之长之后，如果工作环境和薪资待遇发生某些不利变化，他们就会倾向于向省内其他地区乃至其他省市流动。近年来，浙江省低素质劳动力过剩和"技工荒"并存的现象就充分印证了这一点。

# 第四节 浙江省新生代农民工市民化公共成本测算

从成本属性来看，新生代农民工市民化给流入地政府带来的公共成本并不是一个绝对指标。对于社会保障成本和随迁子女义务教育成本，它们是随着新生代农民工市民化的推进，流入地政府需为此额外支付的公共成本，本质上是一个成本增量，因此通常采用差额成本计算法，即比较新生代农民工市民化后的公共成本与市民化前的公共成本之间的差额。对于基础设施建设成本、保障性住房成本、公共服务成本和行政管理成本四项指标而言，它们本身是流入地政府为了维护城市正常运转所必须投入的资金，并不是专门针对新生代农民工进行的资金投入，因此理论界通常采用直接成本计算法来计算。

## 一、城市基础设施建设成本（$C_7$）

参照李永乐、代安源的研究方法[①]，由于流入地政府专门针对新生代农民工支付的城镇基础设施建设成本难以直接获取，因此以全省固定资产投资额扣除房地产开发投资额后除以全省常住人口数，作为该项指标的近似

---

① 李永乐，代安源.农业转移人口市民化成本核算及其分担研究：基于2005—2014年的南京市数据分析[J].华东师范大学学报（哲学社会科学版），2017（6）：153-162.

替代。

表 4-6 为《浙江统计年鉴 2017》中公布的 2014—2016 年浙江省城镇固定资产投资额和房地产开发投资额,以及 2014—2016 年《浙江省人口变动抽样调查主要数据公报》中公布的历年城镇常住人口数。按照本章第三节关于新生代农民工市民化公共成本各指标的计算公式,假设全省城镇固定资产投资额为 $FAI$,房地产开发投资额为 $REI$,城镇常住人口为 $RP$,则 $C_7 =$ $(FAI-REI)/RP$。

计算可知,2014—2016 年浙江省新生代农民工市民化的基础设施建设成本分别为 27882.00 元/人、53647.19 元/人和 59011.64 元/人(见表 4-6)。再对上述三项数值进行加权平均,即可得到考察期内基础设施建设成本的均值,即 46846.94 元/人。需要说明的是,由于浙江省 2015 年和 2016 年的城镇固定资产投资额数据缺失,本书在测算中采用全省固定资产投资额进行了近似替代,因此最终测算结果存在一定程度的高估。

表 4-6　2014—2016 年浙江省新生代农民工市民化基础设施建设成本

| 年份 | 城镇固定资产投资额/亿元 | 房地产开发投资额/亿元 | 城镇常住人口数/万人 | 基础设施建设成本/(元/人) |
|------|------|------|------|------|
| 2016 | 29571.00 | 7469.37 | 3745.30 | 59011.64 |
| 2015 | 26664.72 | 7111.93 | 3644.70 | 53647.19 |
| 2014 | 17224.62 | 7262.38 | 3573.00 | 27882.00 |

数据来源:《浙江统计年鉴 2017》表 3-1 和表 3-12

## 二、保障性住房成本($C_8$)

如前所述,在关于住房成本测算的两种主流方法中,本书更倾向于第一种,即按照流入地政府建造保障性住房的标准,分别计算各年度新生代农民

工市民化的人均住房保障成本。要实现这一目标,需要明确三个关键指标:浙江省保障性住房建造单价、人均住房面积和人均住房补贴标准。

首先,由于浙江省各地建造保障性住房的成本单价差异较大,因此本书根据《浙江统计年鉴 2017》公布的数据,以 2014—2016 年的房屋建造成本均价作为对保障性住房建造单价的近似替代。据查证,2014—2016 年浙江省住宅投资总额分别为 5169.62 亿元、5145.20 亿元和 5347.59 亿元,同期住宅施工面积分别为 31880.05 万平方米、31522.67 万平方米和 29044.10 万平方米。由此可得考察期内各年度浙江省保障性住房建造单价。

其次,由于 2016 年以来浙江省统计局不再发布人均住房建筑面积数据,根据《2015 年浙江省国民经济和社会发展统计公报》,浙江居民人均住房建筑面积为 48.0 平方米,其中城镇常住居民人均住房建筑面积为 40.5 平方米①,该指标明显高于国家统计局 2017 年公布的全国城镇居民人均住房建筑面积 36.6 平方米②的标准。由于该指标在考察期内变动不大,为便于计算统一采用 40.5 平方米的标准。

再次,根据《2016 年浙江保障性住房申请条件及政策管理办法》的有关规定,住房租赁补贴的数额按照廉租房面积乘以每平方米租赁补贴标准确定,后者由各市县根据当地经济发展水平和市场平均租金自行确定。以杭州市为例,《杭州市区廉租住房保障实施细则(试行)》规定,补贴面积标准为人均建筑面积 15 平方米,补贴标准自 2018 年 1 月 1 日起取消地段差异,全部提高到每月 30 元/米²。由此可得每人每年补贴 5400 元,再除以人均住房保障面积 15 平方米,即可得到人均住房补贴额为 360 元/米²。

---

① 浙江省统计局.2015 年浙江省国民经济和社会发展统计公报[EB/OL].(2016-02-29)[2018-05-13].http://tjj.zj.gov.cn/tjgb/gmjjshfzgb/201602/t20160229_169661.html.

② 国家统计局.2016 年全国居民人均住房建筑面积 36.6 平方米[EB/OL].(2017-07-06)[2018-05-13].http://www.gov.cn/shuju/2017-10/07/content_5229880.htm.

按照上一节确定的计算公式,假设保障性住房建造单价为 $HC$,人均住房面积为 $HA$,人均住房补贴额为 $HS$,则有 $C_8 = HC * HA * 0.03 + HS * 0.05$。根据表4-7中的相关数据,即可计算出2014—2016年浙江省新生代农民工市民化保障性住房成本分别为1988.22元/人、2001.15元/人、2255.06元/人(见表4-7)。

表4-7　2014—2016年浙江省新生代农民工市民化保障性住房成本

| 年份 | 保障性住房建造单价/(元/米²) | 人均住房面积/(元/米²) | 人均住房补贴额/(元/米²) | 保障性住房成本/(元/人) |
|---|---|---|---|---|
| 2016 | 1841.20 | 40.5 | 360 | 2255.06 |
| 2015 | 1632.22 | 40.4 | 360 | 2001.15 |
| 2014 | 1621.58 | 40.5 | 360 | 1988.22 |

数据来源:《浙江统计年鉴2017》表3-2

## 三、随迁子女义务教育成本($C_9$)

由于2016年以来《浙江省国民经济和社会发展统计公报》不再公布随迁子女义务教育相关数据,根据2015年的统计结果,浙江省义务教育中小学随迁子女在校生人数总计为146.1万人,其中小学115.6万人,初中30.5万人;随迁子女在公办学校就读的人数为105.9万人,占72.5%。[1]

表4-8给出了2014—2016年浙江省中小学校舍数量及校舍建筑面积等相关数据,可以看出,考察期内相关指标变动并不明显,而且校舍建筑人均成本不足150元,故将校舍建筑成本忽略不计,以义务教育阶段教育经费支

---

[1]　浙江统计局.2015年浙江省国民经济和社会发展统计公报[EB/OL].(2016-07-29)[2018-05-13].http://tjj.zj.gov.cn/tjgb/gmjjshfzgb/201602/t20160229_169661.html.

出作为随迁子女义务教育成本的近似替代。

表 4-8　2014—2016 年浙江省中小学数量及校舍建筑面积

| 年份 | 小学 | | 初中 | |
| --- | --- | --- | --- | --- |
| | 数量/所 | 生均校舍建筑面积/平方米 | 数量/所 | 生均校舍建筑面积/平方米 |
| 2016 | 3286 | 9.13 | 1735 | 19.3 |
| 2015 | 3269 | 8.6 | 1717 | 19.1 |
| 2014 | 3303 | 8.2 | 1712 | 18.3 |

数据来源:2015—2017 历年《浙江省国民经济和社会发展统计公报》

　　根据浙江省教育厅发布的《2016 年浙江教育事业发展统计公报》,在考察期内浙江省义务教育阶段在校生人数分别为 504.41 万人、504.93 万人和 505.33 万人。[①] 同时,2014—2016 年浙江省财政教育支出分别为 1030.99 亿元、1264.93 亿元和 1300.03 亿元。[②] 根据历年《中国教育经费统计年鉴》,浙江省义务教育经费支出占省财政教育支出的比例大约为 50%。据此,可以计算出考察期内浙江省义务教育经费支出分别为 515.50 亿元、632.47 亿元和 650.02 亿元,进而可以得出城镇子女义务教育经费支出为 10219.86 元/人、11514.11 元/人和 12863.28 元/人。

　　根据本章第三节列出的计算公式,假设考察期内浙江省城镇子女义务教育经费支出为 $EC$,则 $C_9 = EC * 0.49$。具体计算结果如表 4-9 所示。

　　①　浙江省教育厅. 2016 年浙江教育事业发展统计公报[EB/OL]. (2017-03-02)[2018-5-13]. http://www.zjedu.gov.cn/news/148842620053533447.html.
　　②　数据来源《2017 年浙江统计年鉴》表 12-1。

表 4-9　2014—2016 年浙江省新生代农民工市民化随迁子女教育成本

| 年份 | 义务教育阶段在校生人数/万人 | 省财政义务教育经费支出/亿元 | 城镇子女义务教育经费投入/(元/人) | 随迁子女义务教育成本/(元/人) |
|---|---|---|---|---|
| 2016 | 505.33 | 650.02 | 12863.28 | 6303.01 |
| 2015 | 504.93 | 632.47 | 11514.11 | 5641.91 |
| 2014 | 504.41 | 515.50 | 10219.86 | 5007.73 |

数据来源:2015—2017 年《浙江省国民经济和社会发展统计公报》

## 四、社会保障成本($C_{10}$)

按照理论界目前主流的测算方法,农民工市民化的社会保障成本主要是指流入地政府在养老、失业、医疗、生育和工伤五大社会保险领域的财政支出成本。基于数据可获得性,以《浙江统计年鉴 2017》中表 12-2 一般预算支出中的"社会保障和就业支出"为基础,计算新生代农民工市民化的社会保障人均成本。假设政府财政预算中的社会保障与就业支出为 $SC$,流入地城镇常住人口数为 $RP$,则 $C_{10}=SC/RP$。各指标具体数值及测算结果见表 4-10。

表 4-10　2014—2016 年浙江省新生代农民工市民化社会保障成本

| 年份 | 社会保障和就业支出/亿元 | 城镇常住人口/万人 | 社会保障成本/(元/人) |
|---|---|---|---|
| 2016 | 631.19 | 3745.30 | 1685.29 |
| 2015 | 541.70 | 3644.70 | 1486.27 |
| 2014 | 435.54 | 3573.00 | 1218.98 |

数据来源:《浙江统计年鉴 2017》表 12-2

## 五、城市公共服务成本($C_{11}$)

计算公共服务成本需要综合统计流入地政府在一般公共服务、公共安全、公共教育、文体传媒、医疗卫生和环境保护六大领域的财政支出总额。为避免重复计算，将公共教育指标剔除，对剩余五项指标进行加总求和，以测算各年度的人均公共服务成本。假设一般公共服务成本为 $GS$，公共安全成本为 $PS$，文体传媒成本为 $CM$，医疗卫生成本为 $MH$，环境保护成本为 $EP$，城镇常住人口数为 $RP$，则 $C_{11}=(GS+PS+CM+MH+EP)/RP$。各指标具体数值及测算结果见表 4-11。

表 4-11　2014—2016 年浙江省新生代农民工市民化公共服务成本

| 年份 | 一般公共服务成本/亿元 | 公共安全成本/亿元 | 文体传媒成本/亿元 | 医疗卫生成本/亿元 | 环境保护成本/亿元 | 总额/亿元 | 城镇常住人口/万人 | 城市公共服务成本/元/人 |
|---|---|---|---|---|---|---|---|---|
| 2016 | 660.26 | 518.58 | 158.72 | 542.44 | 161.40 | 2041.40 | 3745.30 | 5450.56 |
| 2015 | 584.45 | 423.55 | 165.38 | 485.50 | 167.89 | 1826.77 | 3644.70 | 5012.13 |
| 2014 | 527.74 | 370.69 | 115.36 | 433.80 | 120.65 | 1568.24 | 3573.00 | 4389.14 |

数据来源：《浙江统计年鉴 2017》表 12-2

## 六、行政管理成本($C_{12}$)

根据《浙江统计年鉴 2017》表 12-2，可得到浙江省 2014—2016 年全省一般预算支出分别为 5159.57 亿元、6645.98 亿元和 6974.25 亿元。同时根据《浙江统计年鉴 2017》表 1-2，可得知浙江省 2014—2016 年城镇人口占比分别为 64.9%、65.8% 和 67%，从而计算得出各年度城镇财政支出总额与农村财政支出总额（见表 4-12）。

表 4-12　2014—2016 年浙江省一般预算支出与城乡财政支出

| 年份 | 一般预算支出<br>/亿元 | 城镇财政支出<br>/亿元 | 城镇人口数<br>/万人 | 农村财政支出<br>/亿元 | 农村人口数<br>/万人 |
|------|------|------|------|------|------|
| 2016 | 6974.25 | 4672.75 | 3745.30 | 2301.50 | 1844.70 |
| 2015 | 6645.98 | 4373.05 | 3644.70 | 2272.93 | 1894.30 |
| 2014 | 5159.57 | 3348.56 | 3573.00 | 1811.01 | 1935.00 |

数据来源:《浙江统计年鉴 2017》表 1-2 和表 12-2

进而,可计算出各年度城乡人均一般财政支出,分别记为 CAF 和 RAF。再依据上一节确定的计算公式,可得到各年度人均行政管理成本(见表 4-13)。

表 4-13　2014—2016 年浙江省新生代农民工市民化行政管理成本

| 年份 | 城市人均一般财政支出<br>/(元/人) | 农村人均一般财政支出<br>/(元/人) | 行政管理成本<br>/(元/人) |
|------|------|------|------|
| 2016 | 12476.30 | 12476.28 | 0.02 |
| 2015 | 11998.38 | 11998.78 | −0.4 |
| 2014 | 9371.84 | 9359.22 | 12.62 |

从测算结果来看,考察期内浙江省新生代农民工市民化的行政管理成本几乎可以忽略不计。这一方面是因为浙江省城乡一体化发展状况良好,特别是随着城乡统筹力度的进一步加大,农村居民在基本公共服务方面与城镇居民的差距进一步缩小。因此,从政府财政支出的角度可将该项成本指标暂时剔除。

# 第五节　浙江省新生代农民工市民化成本总体分析

在上一节的分析中,本书从个人成本和公共成本两个层面,分别对浙江省新生代农民工市民化成本进行了分解研究。通过对市民化成本评价指标体系下属 12 项细分指标的实证测算,对 2014—2016 年浙江省新生代农民工市民化的成本规模和财政支出压力进行了评估。其中,公共成本是指因新生代农民工市民化带来的人口增加所引致的流入地政府公共支出增加额,故以人均增量成本作为实证测算的统一参照标准。本节将在前述研究的基础上,对考察期内浙江省新生代农民工市民化成本的总体情况进行综合分析。

## 一、成本汇总

首先,将表 4-7 至表 4-13 中各年度公共成本细分指标进行加权平均,作为考察期内浙江省新生代农民工市民化公共成本的代表值,如表 4-14 所示。

表 4-14　2014—2016 年浙江省新生代农民工市民化公共成本

| | 2014 年 | 2015 年 | 2016 年 | 均值 | 占比/% |
|---|---|---|---|---|---|
| 基础设施建设成本/(元/人) | 27882.00 | 53647.19 | 59011.64 | 46846.94 | 76.80 |
| 保障性住房成本/(元/人) | 1988.22 | 2001.15 | 2255.06 | 2081.48 | 3.41 |
| 随迁子女义务教育成本/(元/人) | 5007.73 | 5641.91 | 6303.01 | 5650.88 | 9.26 |
| 社会保障成本/(元/人) | 1218.98 | 1486.27 | 1685.29 | 1463.51 | 2.40 |

续表

|  | 2014 年 | 2015 年 | 2016 年 | 均值 | 占比/% |
|---|---|---|---|---|---|
| 城市公共服务成本/<br>(元/人) | 4389.14 | 5012.13 | 5450.56 | 4950.61 | 8.12 |
| 行政管理成本/(元/人) | 12.62 | −0.4 | 0.02 | 4.08 | 0.01 |
| 总成本/(元/人) | 40498.69 | 67788.25 | 74705.58 | 60997.50 | 100.00 |

其次,再将表 4-5 与表 4-14 相结合,即可得到 2014—2016 年浙江省新生代农民工市民化成本总量规模与结构特征。其中,个人成本约为 20.07 万元,占市民化总成本的 76.69%;公共成本为 6.1 万元/人,占市民化总成本的 23.31%。具体如表 4-15 所示。

表 4-15　浙江省新生代农民工市民化总成本与结构特征

| 总指标 | 分类指标 | 数值/(元/人) | 占比/% | 总额/(元/人) |
|---|---|---|---|---|
| 市民化总成本 | 个人成本 | 200669.00 | 76.69 | 261666.50 |
|  | 公共成本 | 60997.50 | 23.31 |  |

由表 4-15 可知,考察期内浙江省新生代农民工市民化的总成本约为 26.17 万元,其中个人成本约为 20.07 万元,占比 76.69%;公共成本约为 6.10 万元,占比 23.31%。目前来看,市民化成本的承担主体为新生代农民工,政府支出作用相对次之。

## 二、进一步分析

结合表 4-5、表 4-14 和表 4-15,可以进一步分析考察期内浙江省新生代农民工市民化成本的结构特征,从而对各承担主体的成本支出压力进行有效测算。更进一步,可以对 2014—2016 年市民化总成本及细分成本的变动

趋势进行分析,以增强有关各方对推进新生代农民工市民化进程的合理判断与有效把握。

### (一)个人成本分析

由表 4-5 可知,考察期内浙江省新生代农民工市民化成本的总量规模比较庞大,约为 20.07 万元。从成本的具体构成来看,六项细分成本指标对市民化个人成本的影响程度并不均衡,一定程度上体现了新生代农民工的代际特征和需求异质性。具体来看主要表现为以下几点。

(1)居住成本约为 16.09 万元,在个人成本中的占比最高(80.17%),成为制约新生代农民工市民化的首要因素。根据以往研究,上一代农民工在城镇就业通常居住在单位提供的集体宿舍和工棚等地,大多无须为此支付额外的费用,因此居住成本对其市民化意愿的影响并不显著。对新生代农民工而言,随着留城意愿的增强和举家迁移现象的增多,他们对居住条件的改善和拥有合法稳定住所的需求更加突出,因此居住成本成为不可忽视的重要因素。

(2)社会保障成本约为 1.43 万元,占比 7.10%,成为仅次于居住成本的第二大影响因素。长期来看,新生代农民工要实现向市民身份的彻底转变,享受与城镇居民同等的社会福利待遇是检验其市民化程度的一项重要指标。由于城乡分割的二元体制的影响,新生代农民工以往享受到的都是农村社保标准或者城镇最低社保标准,与城市市民享有的社会福利待遇还有一定差距,这也说明今后应把强化新生代农民工的社保基本权益作为改革的突破口。

(3)生活成本和机会成本分别为 1.05 万元和 1.08 万元,两者的占比非常接近,分别为 5.23% 和 5.40%。由于这两项成本是新生代农民工在"城市进入"阶段完成地域转移和职业转换所必须承担的成本支出,标志着"农村退出"阶段的完成,而且成本总量并不太高,因此并不构成对个人成本的显著影响。

（4）资本再造成本和享乐成本分别为 0.19 万元和 0.23 万元，占比分别为 0.94％和 1.16％。理论界普遍认为，资本（包括人力资本和社会资本）缺失是制约新生代农民工市民化的核心要素，但从本书的实证研究来看，新生代农民工更多倾向于摆脱"外来人"等固化标签的炫耀性消费，用于人力资本提升的成本开支相对不足，一定程度上表现出其消费模式的非理性。

（5）再将浙江与同期国内其他地区进行横向对比，可以发现，当前浙江省新生代农民工市民化的个人成本明显偏高。以 2014 年为例，浙江省的测算结果为 14.60 万元，明显高于江苏的 13.61 万元、辽宁的 11.30 万元、重庆的 11.22 万元和河南的 9.55 万元。[①] 这一方面说明浙江省作为我国东部沿海地区的流动人口大省，面临的新生代农民工市民化成本支出压力更大；另一方面也说明浙江省经济社会发展水平较高，居住成本、生活成本和社保成本等直接增加了市民化的经济融入阻力。下一阶段，浙江要加快推进农业转移人口市民化，必须审慎思考构建有效的成本分担机制，以消解成本支出压力带来的城市融入阻力。

需要说明的是，本书对个人成本的测算数值相对较高，主要原因有三：一是浙江省经济发展水平较高，城市居住成本和生活成本明显高于其他地区，而且近年来居民消费价格指数（consumer price index，CPI）涨幅明显，直接提高了农民工市民化的经济成本；二是考虑到新生代农民工由"生存型"向"发展型"转变的事实，本书在评价指标体系中引入了资本再造成本和享乐成本，进一步提高了个人总成本；三是在变量选取中，考虑到新生代农民工"收入拐点"的存在，本书放弃了城镇低收入户家庭标准，采用城镇中等收入户家庭标准，一定程度上也增加了个人成本的总值。

---

① 周向东.重庆市农民工市民化转型成本测算及分担机制研究[D].重庆:重庆工商大学,2012.

### (二)公共成本分析

从测算结果来看,2014—2016 年浙江省新生代农民工市民化的公共成本约为 6.10 万元/人。在考察期内,公共成本指标表现出单向递增的变化特征,特别是近两年来增幅明显。据测算,2016 年和 2015 年分别同比增长 10.20% 和 67.38%,究其原因:一方面是近年来浙江省新型城镇化进程不断加快,农业转移人口市民化需求持续增加,政府财政支出压力不断上升;另一方面是浙江省流动人口的存量和增量均相对较多,要逐步化解农民工市民化积存的压力,对流入地政府的公共财政支出提出了更高的要求。

(1)从公共成本的具体构成来看,基础设施建设成本总量最大,约为 4.68 万元/人,占公共成本的比重为 76.80%,远高于其他五项成本指标。究其原因,主要是浙江省近年来新型城镇化速度不断加快,各级政府用于基础设施建设的财政支出增幅明显。当然,从市民化公共成本的属性来看,基础设施建设成本并不是专门针对新生代农民工支出的,而是为了满足城市常住人口增长而必须支付的资金增量。需要说明的是,本书在测算基础设施建设成本时,已经将房地产投资开发成本等扣除在外,以避免该项成本指标被进一步放大。

(2)对公共成本影响较大的还有随迁子女义务教育成本和城市公共服务成本两项指标。在考察期内,随迁子女义务教育成本约为 0.57 万元/人,占公共成本的比重为 9.26%;城市公共服务成本约为 0.50 万元/人,占公共成本的比重为 8.12%。这说明新生代农民工在市民化诉求上表现出与上第一代农民工明显不同的特征:一是随着新生代农民工普遍进入婚育年龄,他们对子女义务教育的需求明显增加;二是与上一代农民工相比,新生代农民工"举家迁移"的特征比较明显,"候鸟式"迁移频率显著降低,他们对改善自身家庭生活状况的需求十分强烈,因此对流入地城市的公共服务提出了更高的要求。

(3)再进一步考察保障性住房成本和社会保障成本,可以发现,考察期内浙江省新生代农民工市民化的保障性住房成本约为 0.21 万元/人,占公共成本的比重为 3.41%;社会保障成本约为 0.15 万元/人,占公共成本的比重为 2.40%。与个人成本中高昂的居住成本和社会保障成本相比,公共成本中的这两项指标并不突出,究其原因:一是当前流入地政府解决农业转移人口市民化的住房需求有两种途径,通常是采取"实物配给"和"租赁补贴"相结合的方式,首先满足具备资格申请条件①的廉租房居住需求,其次对政策规定范围内的低收入申请者给予货币化补贴;二是新生代农民工的社会保障成本目前主要由企业和个人承担,流入地政府通常只需负责城市新增人口相对于农村社保标准的差额部分,而且由于浙江省城乡一体化程度较高,农村居民的社会保障标准与城市居民相差并不悬殊,因此政府需要负担的社会保障成本并不会对财政支出构成巨大压力。

(4)就行政管理成本而言,由于浙江省城乡发展较为均衡,新型城镇化建设质量较高,地方政府行政管理和政务创新实践超前,因此具备充足的应对新生代农民工市民化的宏观调控和行政管理能力。本书的测算也证实了这一点,考察期内公共成本中的行政管理成本占比不足 0.01%,几乎可以忽略不计。

# 本章小结

新生代农民工市民化成本的实证测算是本书的核心与研究重点,是提

---

① 浙江廉租房政策:①至少有一人具有杭州市区(不含萧山、余杭区)常住城镇居民户口(不包括学生户口)并居住 5 年以上;②持有效期内的《杭州市困难家庭救助证》或《残疾人基本生活保障证》或区级困难家庭《救助证》、《援助证》、《救助卡》或共同生活的家庭成员人均月收入低于杭州市区城镇居民低保标准的 2.5 倍(含);③人均现有住房建筑面积在 15 平方米(含)以下,或 3 人以上家庭现有住房建筑面积在 45 平方米(含)以下。

出"四位一体"多元化成本分担机制构建思路的现实依据和决策支撑。以此为目标,本章试图在对新生代农民工市民化概念进行科学界定的基础上,选取既能凸显新生代农民工代际特征和需求异质性,又具有较高学术认可度的代表性指标,构建新生代农民工市民化成本评价指标体系,进而依据真实、准确的相关数据,从个人成本和公共成本两个层面进行系统科学的实证测算,并对测算结果进行横向比较和综合分析,以对各相关主体的成本支出压力进行有效判断。

从理论界现有研究来看,农民工市民化成本研究是近年来的一个新兴热点,尽管国内学者对该问题的重要性已达成共识,但在概念界定和指标构成上仍存在较多争议。目前,理论界认可度最高的农民工市民化成本概念是指农民工在身份、地位、社会权利和行为意识等方面全面向市民转化所需支付的最低资金量。根据承担主体的不同,可分为个人成本和公共成本。其中个人成本是指农民工为实现向市民身份的有效转变,其个人所须支付的最低资金量;公共成本是指流入地政府为满足农民工市民化的相关需要,需支付的最低资金成本(财政支出增量)。

在此基础上,本书依据系统性、科学性、典型性、可操作性和数据可获得性五大原则,通过对理论界现有研究成果的整理,选择了学术界普遍公认的若干代表性指标,并通过创新性地引入资本再造成本和享乐成本等能凸显新生代农民工代际特征和需求异质性的指标,构建了"新生代农民工市民化成本评价指标体系"。该指标体系由个人成本和公共成本两大维度构成,每个测量维度下各包含六项具体指标。其中,个人成本包含城市生活成本、居住成本、机会成本、社会保障成本、资本再造成本和享乐成本;公共成本包括城市基础设施建设成本、随迁子女义务教育成本、社会保障成本、城市公共服务成本和行政管理成本。

在实证测算中,本书以 2014 年至 2016 年为考察期,依据历年《浙江统计年鉴》《浙江省国民经济和社会发展统计公报》,以及浙江省各政府部门官方网站发布的相关数据,对新生代农民工市民化的个人成本和公共成本进行了分解研究。结果表明,考察期内浙江省新生代农民工市民化的个人成本约为 20.07 万元,公共成本约为 6.10 万元。从成本的具体构成来看,不论是个人成本还是公共成本均表现出明显的"单峰"效应。其中,个人成本中占比最高的是城市居住成本,均值为 16.09 万元,占比高达 80.17%;公共成本中占比最高的是基础设施建设成本,均值为 4.68 万元,占比为 76.80%。

从各细分成本的具体数值及变动趋势来看,近年来浙江省新生代农民工市民化成本整体呈上涨趋势,特别是个人成本的涨幅十分明显。究其原因,一是本书在实证测算中以城市中等收入户家庭为参照标准,一定程度上拉大了成本总额;二是本书创新性地引入了两项新增指标,也对成本绝对值造成了正向影响。此外,浙江省经济发展水平较高,也是对成本增长的一种合理解释。鉴于此,根据市民化成本的总量规模和结构特征,构建各主体积极参与的多元化成本分担机制,就成为本书接下来要研究的重点内容。

# 第五章　新生代农民工市民化成本
## 分担的区域经验借鉴

　　通过对浙江省新生代农民工市民化成本的实证测算,可以发现,2014—2016 年浙江省新生代农民工市民化的个人成本约为 20.07 万元,公共成本(人均成本)约为 6.1 万元/人。据抽样调查数据显示,2015 年浙江省农民工总量为 1329 万人,其中外出农民工 509 万人,本地农民工 820 万人。[①] 按照当前学术界认可度较高的结论,以新生代农民工占农民工总量的 60% 计算,则当前浙江省新生代农民工总量至少为 797.4 万人。若照此标准,浙江省每年为实现新生代农民工市民化至少需要财政支出 4864.14 亿元,占 2016 年全省财政支出总额(6974.25 亿元)的 69.74%。显然,如果该项成本全部由流入地政府承担既不合理也不现实,这也在一定程度上解释了我国推进农业转移人口市民化进程中各地政府间明显的利益博弈现象,特别是基层政府的"成本恐高症"。据此,需要加快构建政府、企业、农民工和社会广泛参与的多元化成本分担机制,以有效消解成本分担压力带来的政策推行阻力。本章主要针对当前农民工市民化成本分担存在的主要问题,通过对上海、广

---

　　① 国家统计局浙江调查总队. 2015 年浙江省农民工监测调查报告[EB/OL].
(2016-03-10)[2018-05-13]. http://www.zj.gov.cn/art/2016/3/10/art_5499_2065877.
html.

东、山东等地的先进做法和有益做法进行梳理,归纳和提炼出对浙江具有借鉴意义和可推广价值的政策举措。

# 第一节　新生代农民工市民化成本分担的现实困境

早在 2015 年,胡拥军和高庆鹏等学者就提出,农民工流入地和流出地政府之间存在明显的地方本位主义思想,因市民化成本分担责任、财政转移支付权益等方面的利益诉求不同,导致各地政府在推进农民工市民化进程方面的积极性普遍不高。[①] 在不同层级政府部门之间,事权和财权的不匹配也直接加剧了农民工市民化成本分担的现实困难。例如,陆万军和张彬斌指出,中央政府希望通过加快农业转移人口市民化,优化劳动力资源的结构和区域配置,从而提高经济发展质量。[②] 但是,地方政府作为执行单位,更多的是从当地经济发展需要和财政支出的角度来考虑,不愿意过早过快放开户籍制度。同时,从事权划分来看,"上下对口、职责同构"的管理体制也是我国民生改革中的新增事权与支出责任层层下沉的主要原因,"中央点菜、地方买单"的现象十分普遍。[③]

在此情况下,中央政府与地方政府的利益诉求导向不一致,就引发了农业转移人口市民化的"政策悖论",财政因素成为阻碍农民工市民化的一项重要因素。目前来看,农民工市民化成本分担的现实困境突出表现在以下三个方面。

①　胡拥军,高庆鹏.市民化成本分担机制的"暗战"[J].决策,2015(1):62-67.

②　陆万军,张彬斌.户籍门槛、发展型政府与人口城镇化政策:基于大中城市面板数据的经验研究[J].南方经济,2016(2):28-42.

③　魏义方,顾严.农业转移人口市民化:为何地方政府不积极——基于农民工落户城镇的成本收益分析[J].宏观经济研究,2017(8):109-120.

## 一、地方政府公共财力有限

以浙江省为例,在经济发展进入新常态的背景下,尽管浙江省的财政收入保持了相对稳定的增长态势,但近年来用于民生建设和社会事业的公共开支也逐渐增大。据统计,2016 年浙江省用于一般公共服务、教育和城乡社区事务的财政支出总额分别为 660.26 亿元、1300.03 亿元和 788.93 亿元,比上年同期分别增长 12.97%、2.77% 和 45.77%。① 在涉及民生项目的支出中,社会保障和就业支出为 631.19 亿元,医疗卫生支出为 542.44 亿元,公共安全支出为 518.58 亿元。② 根据浙江省"十三五"规划,下一阶段浙江用于民生建设的投入力度还将进一步加大,但受现行财政政策和财政支出体制的制约,中央财政预算并未设立专门针对农民工的财政拨款项目,导致各级财政真正用于农民工市民化的专项支出份额严重不足。在此情况下,各级地方政府在对有限的公共财政资源进行配置时,就需要在农民工和城市市民之间进行取舍,使得原本就处于相对劣势的农民工必须与城市市民进行利益博弈,这不仅加剧了社会冲突,也造成了一定程度的公共资源浪费,从而给社会整体福利的改善带来不利影响。

以公共成本中的住房保障成本为例,当前各流入地城市对廉租房的申请对象都有明确规定,一般以经过认定的城镇低收入家庭为申请标准,客观上将不具备城市户籍的农业转移人口(农民工)排斥在外。同时,在各流入地的就业专项资金支出中,据调查超过 50% 被用于城镇灵活就业人员的社会保险补贴支出③,真正能够落实到农民工群体身上的份额十分有限。

在此情况下,农民工虽然长期在城市工作和生活,但受城乡二元体制下

---

① 数据来源于《浙江统计年鉴 2017》表 12-1。
② 数据来源于《浙江统计年鉴 2017》表 12-2。
③ 白超.农业转移人口市民化公共成本分担机制研究:以荆州市为例[D]荆州:长江大学,2016.

"双重户籍墙"的影响,他们真正能够享受到的基本公共服务资源十分有限,从而必须在现有体制框架下与城市中的贫困群体和低收入群体等进行资源争夺,不仅其合法权益无法得到有效保障,也不利于发挥城市经济社会发展的公平正义性。更为严重的是,新生代农民工的留城意愿十分强烈,即便当前的城市融入状况不良,他们也会选择在流入地城市"等待",而非流入地政府预期的那样向其他地区迁移,这就在一定程度上解释了外来流动人口机械增长与市民化程度偏低并存的"两难困境"。

更进一步,从各基层政府的公共治理体系来看,一方面,基层政府承担的农民工市民化成本支出责任比中央政府和省政府的财政支出负担更重;另一方面,由于缺少有效的市民化成本分担机制和区域间利益补偿机制,流入地政府与流出地政府间的利益博弈难以均衡。农民工因其自身的低收入性、高流动性和迁移不可预期性,客观上加大了各基层政府之间的利益平衡难度,使得各流入地政府通常只是被动地执行中央和上级关于推进农业转移人口市民化的政策,在政策执行力度和财政支出比例上均采取了相对保守的态度。

## 二、市场资源参与程度不高

有效的农民工市民化成本分担需要依赖两个前置条件:一是对市民化成本规模(所需资金总量)的科学测算,二是政府、企业、社会和农民工多元主体的积极参与。

首先,从现有研究来看,学术界的研究成果差异过大,即便是针对同一地区在相同年份的实证测算,研究结果也难以收敛。在此情况下,地方政府对于推进农民工市民化所需的资金总量难以准确把握,面对有限的财政支出能力,各地政府普遍存在"成本恐高症"。

其次,从农民工市民化成本分担的现有运行机制来看,通常是政府主导型(government-oriented),即农业转移人口市民化成本中的公共成本支出基

本是由各流入地政府的公共财政负担,市场调动和配置资源的能力严重不足。具体来看,一是流入地政府对农民工市民化公共成本的支出责任和分担比例过大;二是农民工个体承担的个人成本的支出任务相对沉重;三是企业和社会组织等参与市民化成本分担的积极性没有充分调动起来。从浙江省的情况来看,由于城乡一体化的劳动力市场建设状况相对较好,企业用工条件和农民工工作环境相对优良,但调查发现,当前许多地方仍然存在用工不规范情况,如劳动合同签订率低、刻意规避不为农民工购买社会保险、拖欠农民工薪资。

对于政府在农民工市民化成本分担中应该承担的责任,国内学者基本达成了共识。但一个无可争议的事实是,完全由各流入地政府负担农民工市民化的成本支出既不合理也不现实。从这个意义上说,要构建科学有效的市民化成本分担机制,首先必须破除过度依赖政府或把政府支出责任无限夸大的认知偏差,进而充分调动市场配置资源的能力,让各相关主体积极融入成本分担进程。

## 三、企业社会责任缺失

关于农民工市民化成本分担的主体究竟是谁,当前国内学者还存在明显的意见分歧。如前所述,有学者认为农民工市民化困境客观上源于我国城乡二元体制下的"制度遗产效应",市民化成本是为了破解传统体制机制弊端所必须投入的最低资金量,因此中央政府应成为成本分担的主体。[①] 也有学者认为,各流入地城市是农民工"人口红利"的事实受益者,享受了农民工市民化进程中带来的经济社会发展成果,因此相应地也要为农民工市民

---

① 张善柱,程同顺.农民工市民化成本测算的误区及矫正[J].中共天津市委党校学报,2016(5):79-83,91.

化成本买单。[①] 除此之外,也有学者认为农民工市民化本质上是其社会身份向上层流动的表现,农民工作为市民化的直接受益者应当积极承担相应成本,成为成本分担的主体。[②]

上述观点均有其客观性,但一个不容忽视的问题是:如何有效协调中央政府、地方政府和农民工之间的利益均衡? 换言之,要有效推进市民化成本的分担,如何寻求各主体间的利益共同点,抑或如何寻找一个有效的实施载体?

从这个意义上说,企业作为联结流入地政府和农民工个体的"桥梁",其在农民工市民化成本分担中的作用不可忽视。但遗憾的是,当前理论界关注企业作用的研究成果十分有限,一个重要原因是企业在生产和运营中已经为雇用农民工支付了包括工资、社保和住房等在内的一系列成本,若再单独核算和强调企业在农民工市民化成本分担中的作用,似有加重企业负担之嫌,这也是各级政府为确保当地经济发展所不愿看到和触碰的。然而,问题的关键是,当前企业在确保农民工合法权益,保障其与城市职工"同工同权"和"同工同酬"方面,其责任和义务真的落实到位了吗? 答案显然是否定的。

据调查,当前企业在农民工市民化成本分担中,普遍存在三个方面的问题:一是农民工的就业条件和待遇保障情况较差,资本收益偏高和劳动收益偏低的矛盾十分突出,而且两者差距有不断扩大的趋势;二是农民工的合法权益得不到有效保障,维权过程十分艰难,导致劳动监察投诉举报和劳动仲裁案件审理量不断增多;三是企业为逃避社会责任拒绝为农民工缴纳社会保险,或与地方政府达成"默契"仅参加部分社会保险的情况普遍存在。[③] 更

①　高拓,王玲杰.构建农民工市民化成本分担机制的思考[J].中州学刊,2013(5):45-48.

②　魏澄荣,陈宇海.福建省农民工市民化成本及其分担机制[J].中共福建省委党校学报,2013(11):113-118.

③　白超.农业转移人口市民化公共成本分担机制研究[D].荆州:长江大学,2016.

为严重的是,企业作为市场运行的经济主体,实现经济效益最大化是其核心目标,通过逃避《劳动合同法》规定的责任和义务来降低生产经营成本的做法已经不是个案问题,并且极有可能形成"连锁反应"和"蝴蝶效应",长期来看后果十分严重。

# 第二节 上海市"健全分担机制"

上海同浙江类似,均为我国东部沿海地区的经济发达省市,是长三角地区的流动人口大市。根据全国第六次人口普查数据,上海共有外来常住人口 900 多万人。截至 2015 年 6 月 30 日,上海 15～34 岁的新生代农民工达到 502.36 万人,占全市农民工总数的 55.5%,而且市民化意愿高达97.5%。[①] 调查显示,上海市新生代农民工年龄结构较轻、知识结构合理、市民化意愿强烈,具备实现市民化的良好条件。但同时,上海市新生代农民工的市民化进程仍然存在一些问题,如社区参与程度不高、社会交往范畴相对狭窄、组织建设程度低等,总体来看其市民化困境亟须"破题"。

为充分发挥各有关主体在新生代农民工市民化进程中的积极作用,切实提高新生代农民工的人力资本禀赋、拓宽其社会关系网络,上海市依托"农民工基本素质教育培训"(以下简称"素质培训工程"),从四个方面调整和优化了新生代农民工的市民化成本分担机制。

## 一、强化政府职能,形成领导合力

由于新生代农民工市民化是一项复杂的系统工程,涉及内容多、财政压

---

① 罗菁.沪新生代农民工总数逾 500 万人 渴望留沪意愿强烈[EB/OL].(2017-04-17)[2018-05-13].http://news.163.com/17/0417/01/CI6I288V000187VG.html.

力重,往往需要在市政府的牵头领导下,各相关部门密切配合、通力合作。为此,上海市专门成立了"一体多元"的组织领导架构,具体由上海市总工会牵头,各职能部门积极参与,在对社会资源进行有效整合的基础上最大限度地发挥政府的核心领导力量。在任务分工上,上海市总工会负责牵头实施和协调联络,市总工会、文明办等部门负责日常运作,市教委、市人力资源和社会保障局、市法宣办等十余个单位负责具体承办,共同成立"上海市农民工基本素质教育培训联席会议"。在此基础上,设置领导小组和办公室,共同推进农民工素质培训工程的顺利开展和任务落实。

## 二、拓宽培训途径,激发主体活力

在以往各地针对农民工开展的素质培训工程中,一个常见问题是"雷声大雨点小",政府财政投入与培训成效反馈往往不成正比。究其原因,一是现有的培训内容和培训导向与农民工需求和企业需要不相匹配,二是培训模式和培训方法固化,与农民工工作性质和作息规律等不相吻合。鉴于此,上海市专门针对农民工制定了内容丰富、方式灵活的培训管理体制,以充分激发其作为培训主体参与培训的积极性和主动性。例如,把农民工业余学校、电视大学及其分校、企业培训中心等全部纳入培训渠道,在扩充培训师资的基础上,以集中面授、电视教学和网上课堂等多种方式开展培训,有效增强了培训的灵活性。同时,根据各行业的特点明确企业培训需要和农民工培训需求,由专职教师、专业人员和企业管理人员等不同主体进行贴近企业生产实际的全方位、多层次培训,极大地提高了培训的针对性和实效性。

## 三、整合教育资源,降低培训成本

从上海市财政支出的比例来看,用于教育培训的支出比例并不低,但一个现实问题是传统教育培训领域的资源过于分散,而且存在重复建设和供

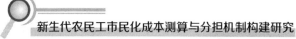
需脱节等问题,进而降低了农民工素质培训的成效。鉴于此,上海市依托已有的农民工培训工程,通过建立系统化的培训操作机制,对现有的教育培训资源进行整合,从而达到降低培训成本的目的。具体来看,上海市把"素质培训工程"与市安监局的"农民工安全生产培训"、市人力资源和社会保障局的"农民工职业技能培训"、市建交委的"农民工上岗培训"等七大工程有机结合起来,通过构建导向一致、内容协同、优势互补的多元化培训机制,有效减少了资源交叉和重复建设现象,进而降低了培训成本开支。

## 四、明确支出责任,落实经费保障

在对市财政能力和成本支出压力进行综合平衡的基础上,上海市明确了"农民工免费参与、培训单位适当投入、主办单位各自列支"的原则,通过构建科学合理的经费保障机制,有效减轻了农民工个体和用人企业的成本负担。一方面,在经费来源上除了各主办单位各自的工作经费之外,上海市明确要求市总工会、市教委、市法宣办等七个部门提供充足的培训经费支持,以确保高质量地完成预定培训目标。另一方面,对农民工培训所需的教材和培训读本,按照"配送为主、适当购买"的原则,确保各主办单位根据培训单位的需要进行配送,确保农民工免费参加。此外,对优秀组织单位定期进行评选表彰,以激发其开展农民工素质培训的积极性。

从实施成效来看,上海市的上述举措有效提高了农民工素质培训的针对性和有效性,对提高农民工人力资本禀赋、加快其市民化进程等具有积极而显著的效果。一方面,通过素质培训工程的深入开展,广大农民工能够以低成本方式获得个性化、多样性的培训服务,减少了其对培训成本开支的顾虑;另一方面,通过培训资源的整合和成本开支的分担,有效降低了企业对开展农民工培训的担忧,使其能够以更加开放积极的心态处理企业生产与农民工培训的关系。

总体来看,上海市的政策举措不仅使农民工对城市文明、法律法规、生产安全等有了更加深入的了解，进一步提升了市民化素质，从而为上海市提供了一支适合经济社会发展需求的"生力军"；此外，其健全投入机制的有关做法对化解各主体的成本支出顾虑具有良好效果，对其他地区也具有启示意义。

# 第三节　广东省"优化落户制度"

农民工市民化成本从本源上来说，是集中在"城市进入"阶段之后，向"城市融入"阶段迈进所需支付的最低资金量。因此，要科学测算市民化成本并构建行之有效的成本分担机制，一个首要前提就是确定适度合理的市民化"准入门槛"，即当前国内各大城市以"积分落户制度"为代表的城市落户通道。其中，尤以广东省的做法最为先进和完善。

广东省作为我国改革开放之后人口流入最多的地区，目前常住人口总量已达到 1.09 亿人[①]，其中外来人口比例高达 77.28%。在部分城市，由于外来流动人口数量过多，甚至出现了人口"倒挂"现象。例如，深圳市常住人口早在 2013 年年末就达到了 1062.89 万人，其中户籍人口仅有 310.47 万人，外来人口比例高达 70.79%，大量的外来人口使深圳获得了"移民城市"的称号。[②] 为了贯彻落实中央关于加快推进农业转移人口市民化的政策要求，广东省早在 2010 年 6 月就颁布实施了《关于开展农民工积分制入户城镇工作的指导意见》，在广州、深圳、珠海、佛山、东莞、中山六个城市实施了积分入户政策，以让具有合法资质的外来务工人员获得城市户籍并在所在地

---

① 陈彤.广东去年常住人口达 1.0999 亿 近七成居住在城镇[EB/OL].(2017-06-14)[2018-05-13].http://gd.qq.com/a/20170614/014067.htm.

② 钟哲.珠三角外来人口比例前三名:东莞、深圳、中山[N].南方日报,2015-03-02.

享受基本公共服务。① 2015 年 7 月,广东省又发布了《关于进一步推进户籍制度改革的实施意见》,对原有的积分入户政策进行了调整,提出了一系列新的落户标准和条件。目前来看,广东省通过对积分入户制度的调整和完善,逐渐形成了一个成熟稳定的政策框架,目前已成为国内其他地区有序推进农业转移人口市民化的有效参考样本。

## 一、设置科学合理的积分指标体系,明确市民化准入门槛

要确保城市的健康可持续发展,将农民工市民化成本控制在适度、可预期的合理区间,就必须有效平衡农民工市民化诉求与政府的财政能力,避免二者不匹配给社会整体福利带来的不利影响。对此,广东省通过构建积分指标体系,对符合条件的农业户籍劳动力进城落户的条件进行了指标量化,并对每项指标予以具体赋值(见表 5-1)。当指标累计积分达到规定分值时,农民工就可申请入户城镇,其配偶和未成年子女可以随迁。② 从积分指标体系的具体构成来看,由省统一指标和地方自定指标两项构成,其中前者为硬指标,主要包括个人素质、参保情况、社会贡献、减分指标四个部分;后者为软指标约束,主要包括就业、居住、投资、缴税等选项,主要由各地政府根据当地的产业发展和人才引进需求自行选择和设置分值。原则上,农民工积分满 60 分就可以申请入户,但具体入户分值由各地政府根据当年入户计划和农民工积分排名情况自行确定和公布。

---

① 广东省人民政府办公厅. 关于开展农民工积分入户城镇工作的指导意见[EB/OL]. (2010-06-23)[2018-05-13]. http://zwgk. gd. gov. cn/006939748/201007/t20100705_12024. html.

② 广东省人民政府. 广东省人民政府关于进一步推进户籍制度改革的实施意见[EB/OL]. (2015-06-24)[2018-05-13]. http://zwgk. gd. gov. cn/006939748/201507/t20150707_589735. html.

**表 5-1　广东省积分制入户指标设置及分值设定**

| 序号 | 指标 | 指标内容及分值 | | 说明 |
|---|---|---|---|---|
| 1 | 文化程度 | 本科 | 60 分 | 只计最高分,不累计加分<br>本科及以上学历计 60 分,高中以下学历不计分 |
| | | 大专或高职 | 40 分 | |
| | | 中技、中职或高中 | 20 分 | |
| 2 | 技术能力 | 中级职称 | 60 分 | 只计最高分,不累计加分<br>中级职称及以上计 60 分,初级职称及以下职业技能不计分 |
| | | 高级工<br>事业单位工勤技术岗位三级 | 40 分 | |
| | | 中级工<br>事业单位工勤技术岗位四级 | 20 分 | |
| 3 | 职业资格/职业工种 | 符合各市积分职业资格及职业工种目录 | 20 分 | 申请人提交职业资格证书工种必须与市公布的目录完全一致 |
| 4 | 社会服务 | 无偿献血 | 2 分/次 | 只计算近五个年度内的无偿献血次数。一年内最高计 2 分,五年内最高计 10 分 |
| | | 义工、青年志愿者服务 | 2 分/50 小时 | 只计算近五个年度内的义工和志愿服务次数。一年内最高计 2 分,五年内最高计 10 分 |
| 5 | 纳税 | 本市依法缴纳个人所得税净入库税额累计达到 10 万元 | 20 分 | 申请当年的上三个纳税年度 |

资料来源:《广东省 2016 年积分入户操作指引办法》

## 二、完善积分入户制的配套措施,增强农民工市民化成效

长期以来,农民工市民化程度与其城市融入预期存有落差,是各地政府推进农业转移人口市民化面临的普遍难题。为切实提高农民工市民化成

效,确保符合条件的申请人获得与城市市民相等的基本公共服务权利,广东省进一步强化和完善了积分入户制的配套措施,以着力解决其在居住、社会保障和随迁子女教育等方面的突出难题。例如,在住房方面,要求各地将农民工居住问题纳入城镇住房保障建设规划,加大保障性住房建设力度,并加快公共租赁住房建设;对用人单位自行安排农民工居住的,由当地政府给予一定额度的资金补贴;允许有条件的地方探索在农民工聚居区建设农民工小区,等等。在社会保险方面,要求各地按照国家规定为农民工办理农村养老保险与城镇职工养老保险关系的转移接续;要求农民工退出"新农合"并按规定参加城镇职工(或城镇居民)基本医疗保险和生育保险;对按农民工政策参加失业保险的,要求按照城镇职工政策予以参保,等等。在随迁子女义务教育方面,要求各地将农民工子女义务教育问题纳入当地城镇建设发展规划和义务教育总体规划;鼓励社会力量创办农民工子弟学校,并由当地政府在用地、贷款和师资培训等方面给予一定的政策扶持;完善服务机制和经费保障机制,探索农民工子女凭积分入读公办学校的政策;等等。①

## 三、健全居住证积分管理制度,强化农民工的公共服务获取

居住证是当前国内各大城市实施积分入户制度的现实载体,是探索建立"梯度累进"公共服务供给机制的有效手段。广东省积分入户制度规定,符合条件的农民工获得和使用《城市居民居住证》的有效期为3年,可以享受随迁子女义务教育、创业补贴、廉租房(或公租房)、社会救助、乘车优惠等多方面的权益。2015年,为进一步强化农民工的公共服务权利,广东省对积分入户政策进行了调整和完善,建立健全了与居住年限、参加社会保险年限等条件挂钩的基本公共服务供给机制,持证农民工可以按规定分阶梯享受八

---

① 许光.新生代农民工城市融入的进程测度及政策创新研究[M].北京:中国社会科学出版社,2017:274.

个方面的公共服务,包括基本公共教育、基本医疗卫生、就业扶持、住房保障、社会福利、社会救助、公共文化和计划生育。① 此外,广东省还拓展了居住证的社会应用功能,增加了居住证在日常生活中的使用范畴和使用便捷性。

总体来看,广东省在健全和完善积分入户制方面进行的探索取得了显著成效,目前已成为国内大多数省份建立健全农民工积分入户制的参考样本。尽管当前该制度在实施中仍然不同程度地存在一些问题,例如2011年东莞市和中山市出现的"指标空缺"现象,但毫无疑问它对广东省加快农业转移人口市民化进程起到了极为重要的促进作用。据统计,截至2014年年底,广东省通过积分入户制实现迁移入户的农民工已达63.2万人②,而且这一数值目前仍保持稳定增长。此外,广东省完善积分入户制的相关做法对增强农民工的基本公共服务权益获取、加快城乡人口管理一体化、实现城乡均衡发展等具有显著意义,是破解当前外来人口机械增长与市民化程度偏低"两难困境"的有益参考。从更广泛的意义上说,广东省的相关做法从事前、事中和事后各个环节有针对性地破解了农民工市民化难题,对于合理控制农民工市民化成本等也具有积极的支撑作用。

# 第四节　山东省"完善保障措施"

山东省作为典型的人口流入大省,农民工市民化问题始终是其城市化进程中的重大现实问题。据统计,截至2014年6月,山东省农民工总量为

---

① 广东省人民政府.广东省人民政府关于进一步推进户籍制度改革的实施意见[EB/OL].(2015-06-24)[2018-05-13].http://zwgk.gd.gov.cn/006939748/201507/t20150707_589735.html.

② 卢鉴.广东积分入户政策已惠及63.2万人[EB/OL].(2015-01-06)[2018-05-13].http://www.gd.xinhuanet.com/newscenter/2015-01/06/c_1113894964.htm.

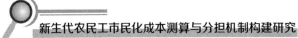

2381万人,占全国农民工总数的近10％,每年新增转移就业农村劳动力约为100万人。[①] 如果将农民工配偶及其随迁子女一并统计在内,则山东省农民工群体的总体规模将达到6000万人。[②] 由于近六成的农民工集中在传统建筑业和加工制造领域,因此山东省格外关注上述两个领域农民工素质的提高。为推进农民工市民化进程,山东省于2014年10月颁布实施了《山东省建筑业农民工再温暖工程职业技能提升3年行动实施方案》(以下简称"再温暖工程"),通过明确培训标准、创新培训方式、完善保障措施等手段提升了农民工市民化的人力资本禀赋,同时有效强化了企业的社会责任,一定程度上实现了市民化成本"多元分担"的政策目标。具体来看,山东省的典型做法主要体现在以下三个方面。

## 一、明确培训标准,增强培训效果,提高培训质量

作为山东省近年来实施的一项重点惠民工程,"再温暖工程"明确提出"培训合格率达到90％以上,就业率达到90％以上"的政策目标,并要求各级地方政府结合自身实际,制定和出台相应的管理考核标准,同时要求各地依据国家职业资格和职业技能鉴定标准,严格制定和实施相关的培训项目。在师资储备上,"再温暖工程"重点选派农民工业余学校的专(兼)职教师或相关建筑培训机构的师资人员,优先选派既懂理论又懂操作的"双师型"教师。从各地实践来看,日照市提出的"落实五项制度"非常具有代表性,具体包括:第一节课制度、台账管理制度、培训工作月报制度、培训合同制度、督促核实检查验收制度。

---

① 杨凡,李瑞平.山东农民工总量超2300万人,约九成选择省内就业[EB/OL].(2014-06-18)[2018-05-13]. http://news. iqilu. com/shandong/yuanchuang/2014/0618/2030001. shtml.

② 山东农民工总量达2330万人,占全省总人口24％[N].济南时报,2013-09-18.

## 二、创新培训方式，增强培训活动的针对性和有效性

与以往"一刀切"的培训方式相比，"再温暖工程"最大的亮点在于从培训主体、培训对象和培训方法三个方面进行了创新。具体来看：一是明确了农民工技能培训的责任主体，即建筑施工总承包企业，要求各地企业根据项目实际和用工需求，依托农民工业余学校制定详细的培训方案并加大资金投入力度，积极探索建立与岗位工资挂钩的工人技能分级管理机制。二是建立了"预设标准、分类实施"的高效培训机制，将施工现场关键岗位技术工种、转岗升级及青年农民工培训作为培训重点，同时按照技师申报条件的准入门槛，将多岗位农民工培训分为"初次进入人员"和"已持证上岗人员"两种，分别进行不同等级的职业技能培训，从而有效增强了技能培训的针对性和有效性。

## 三、完善保障措施，强化培训工作的组织实施

为了提高各级地方政府对"再温暖工程"重要性的深刻认识，强化工作执行力度，山东省从三个方面完善了政策保障措施。第一，按照"目标分解、分级管理"的原则，建立全省17个市的目标责任制，由省住建厅每年下达各市年度工作目标计划，各市住建部门签订目标责任书，之后将年度工作目标和任务逐层分解到下属各建筑企业和相关培训机构。第二，指定省建筑职工考核鉴定办公室负责制定全省工作的具体实施方案，定期检查、监督各市的目标分解和任务落实情况，并对各市的经费统筹、专项补贴等给予工作指导。第三，按照"五个统一"的标准对各项目实施单位进行定期抽查和重点督导，要求各市住建部门每季度末填报《项目结业验收表》并上报省建筑职工考核鉴定办公室，以提高培训认识，严肃培训态度，规范培训行为。

从实施效果来看，"再温暖工程"作为山东省针对传统建筑业农民工的

专项职业技能培训活动,有效增强了农民工的技能水平和就业稳定性,促进了建筑业农民工从低素质劳动者向现代产业工人的转变,不仅缓解了企业的用工缺口,而且增强了农民工的城市经济适应能力,对破解"半城市化"融入困境具有积极作用。在具体实施中,"再温暖工程"的最大亮点在于秉承"一主多元"的参与理念,通过强化企业社会责任的充分发挥,促进了政府角色由服务提供者向规则制定者转变。对其他省市而言,山东省的做法对于优化劳动力结构、深度开发"人口红利"、寻求各经济主体的利益共同点等具有积极的参考价值。

# 第五节　区域经验的比较和启示

通过上述三个典型案例的介绍和分析,可以发现,农民工市民化对当前许多省份来说,都是一个不容忽视的重大现实问题。特别是对于流动人口总量规模十分庞大的东部沿海各省市来说,巨大的农民工市民化成本是阻断政府、企业、农民工和社会组织利益沟通的核心要素。面对日益增强的农民工市民化意愿,地方政府相对有限的财政能力使该问题的破解陷入困境。在此情况下,一方面,要准确看待农民工市民化与新型城镇化的关系,清晰认识到加快农民工市民化进程对于提高新型城镇化发展质量的重要意义;另一方面,也要客观分析农民工市民化的关键症结,通过多重举措协同并举来化解市民化成本分担的阻力。具体来看,上述三个案例蕴含的逻辑思路和具有启示意义的做法主要有以下几点值得借鉴。

## 一、强化企业主体责任,构建"多元协同"的市民化成本分担机制

尽管理论界目前仍存在一些对于强化企业主体责任的质疑,但不可否认,从更为宏观的层面来看,相对于各级政府和农民工自身而言,当前企业

在农民工市民化成本分担中的参与意识和参与程度都是较低的。

从顶层设计的角度来看,构建中央政府、地方政府、企业和农民工多元参与的市民化成本分担机制,是未来改革和发展的大趋势。理论和实践证明,单纯依靠某一主体来消解农民工市民化的巨大成本,既不合理也不现实。因此,上述三个典型案例尽管做法各异,但其中都蕴含着一条共同的逻辑主线,即以多元化手段提高企业、农民工和社会组织的参与程度,加快推进政府从"服务提供者"向"规则制定者"和"政策监督者"的角色转变,并以此形成了强大的改革合力。

当然,强化企业在农民工市民化成本分担中的主体责任,并不是要一味地加重企业负担,而是要倡导建立更加和谐稳定的企业劳资关系,进而通过有关各方的责任确定和积极参与,共同消解农民工市民化成本的巨大压力。例如,山东省"再温暖工程"就是要求各建筑施工承包企业做好四个方面的工作,即制定培训方案、实施培训计划、负责劳务管理、确保资金投入,以此承担起农民工培训实施主体的责任。显然,对企业社会责任的强调与其生产经营的本质并不必然矛盾。

## 二、依托积分入户制度,构建"梯度累进"的公共服务供给机制

从本质上来说,农民工市民化的核心就是实现基本公共服务均等化,即进城农民工与城市职工实现"同工同酬""同工同权"。换言之,农民工市民化成本分担的关键在于充分整合现有的社会资源,逐步消除农民工与市民在基本公共服务获取和社会福利待遇等方面的现实差距。

但是,农民工市民化本身是一个复杂的过程,具有典型的阶段性、动态性和不确定性特征,农民工群体自身也随着我国经济社会的发展而呈现出明显的代际差异、类型分化和利益诉求多样等诸多特点。因此,不论是从学理分析还是从实践操作来看,农民工市民化都不可能是一个"一劳永逸"或"一蹴而就"的过程。在此情况下,面对数量巨大的农业转移人口和日益增

强的市民化诉求,各级地方政府就必须审慎看待农民工市民化问题,通过有效手段制定适度、合理、可持续的市民化方案,确保经济社会发展与农民工市民化诉求平稳协调推进。

从广东省积分入户制度的具体做法来看,其最大的亮点在于改变了以往"一刀切"的农民工市民化模式,依托居住证制度的实施构建了"梯度累进"的公共服务供给机制,从而有效兼顾了农民工市民化诉求与城市现实承载力的共同需要。具体而言,首先,居住证制度的指标量化方式为外来务工人员提供了市民化的合理预期,打开了落户城镇的通道;其次,积分达到一定数值的农民工可以阶梯式地享受基本公共服务,也给予了各级地方政府相应的政策缓冲空间,并通过差异化的福利获取激发农民工提高自身素质、积极为城市发展做贡献的内在动力,最终实现了各级政府、企业、农民工和社会整体的利益均衡。

## 三、坚持"赋权"与"增能"相结合,寻求各主体的利益共同点

在以往关于农民工市民化的探讨中,国内学者较多倾向于从政府治理的角度寻求市民化困境的破解路径,相关建议多集中在政策改革和体制机制创新等方面,强调以外部"赋权"的方式消除农民工与市民在基本公共服务和福利待遇等方面的差距。但事实上,大量研究表明单纯依靠"赋权"模式不仅无益于从本质上提高农民工市民化的程度,而且会导致外来人口机械增长与城市融入效度偏低的"两难困境",进而形成政策"悖论"。[①]

因此,要加快农民工市民化进程,首先,必须审慎分析相关制约因素;其次,应针对各因素制定有针对性的政策举措。具体来看,我国农民工市民化进程客观上可以分为障碍消除、制度完善和全面融入三个阶段,当前大多数省市通过加快户籍制度改革和制定符合区域发展的政策规定,已逐步消除

---

① 刘传江.双重"户籍墙"对农民工市民化的影响[J].经济学家,2009(10):64-71.

了农民工"城市进入"的制度性障碍。但与此同时,农民工群体还普遍面临着人力资本低下、社会资本缺失、主动性不强等结构性障碍,对此仅依靠"赋权"模式强化制度改革通常效果欠佳,必须基于农民工的利益诉求和市民化意愿,采取多种手段激发其作为经济主体的行为理性,才能实现预期的政策目标。[①]

从上海市"素质培训工程"和山东省"再温暖工程"的具体做法来看,两者的一个共同点是充分尊重农民工的现实利益诉求,以降低农民工参加培训的直接经济成本为核心,制定多元主体共同参与的成本分担机制,从而有效化解了农民工对于技能培训的不认可、不信任。简言之,通过从外部"赋权"模式向内生"增能"模式的转变,提高了农民工自身的资本禀赋和技能水平,进而在满足企业用工需要的基础上实现了农民工职业角色和社会身份的有机统一,最终为增强其市民化能力奠定了现实基础。

# 本章小结

新生代农民工市民化是我国新型城镇化建设中不可忽视的重要问题,具有典型的历史性、阶段性和具体性特征。从当前国内各地推进新生代农民工市民化成本分担的现实情况来看,绝大多数地区普遍存在流入地政府积极性欠佳、基本公共服务均等化政策推行不到位等问题,进而导致农民工市民化期望与政府政策的实际效果存在落差。鉴于此,对实践创新经验丰富且政策实施效果良好的地区进行对比分析,从中提炼具有普适性和可推广价值的共性经验,对下一阶段浙江省乃至国内其他地区加快推进新生代农民工市民化进程、提高新型城镇化发展质量、深入贯彻落实共享发展理念

---

[①] 许光.新生代农民工城市融入的进程测度及政策创新研究[M].北京:中国社会科学出版社,2017:289.

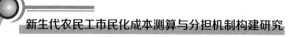
等具有重要现实意义。

　　本章首先分析了农民工市民化成本分担的现实困境。研究发现,在现行财政管理体制之下,地方政府存在明显的本位主义思想,流入地政府与流出地政府之间的利益博弈现象突出,而且由于对成本分担各主体的责任范围和分担比例等难以达成共识,致使中央政府的政策导向与地方政府的实际操作形成"悖论",目前来看突出表现在三个方面:一是地方政府的公共财力有限抑制了参与农民工市民化成本分担的积极性,中央与地方财权事权的不匹配进一步加大了基层政府对市民化政策采取相对保守态度的倾向;二是市场资源参与程度不高加大了农民工市民化成本分担的推行难度,政府主导型的市民化模式对政府支出责任的偏重和夸大使各参与主体难以寻求利益均衡点;三是企业社会责任的缺失客观上导致农民工市民化的准入门槛被提高,并引发一系列的"连锁反应"和"蝴蝶效应",长期来看会增大农民工市民化成本分担的推行难度。

　　面对实践推行中的上述难题,以上海、广东和山东为代表的东部沿海发达省市近年来采取了一系列的政策创新举措,从健全分担机制、优化落户制度、完善保障措施等方面对农民工市民化成本分担问题进行了创新性思考,并取得了相对明显的政策效益。其中共同蕴含的逻辑思路和经验举措,对国内其他地区加快推进农民工市民化成本分担具有积极的借鉴意义。

　　上海市依托"农民工基本素质教育培训",从强化政府职能、形成领导合力,拓宽培训途径、激发主体活力,整合教育资源、降低培训成本,明确支出责任、落实经费保障四个方面调整和优化了农民工市民化成本分担机制,在提高农民工人力资本禀赋、加快市民化进程等方面取得了良好的效果。

　　广东省通过设置科学合理的积分指标体系、完善积分入户制的配套措施、健全居住证积分管理制度三个方面的政策创新,树立了农民工积分入户制度的典型参考样本,对增强农民工的基本公共服务权益获取、加快城乡人口管理一体化等具有重要意义,成为破解外来人口机械增长与市民化程度偏低"两难困境"的有益参考。

　　山东省依托"再温暖工程",通过明确培训标准、创新培训方式、完善保障措施等多重手段,有效提升了农民工市民化的人力资本禀赋,同时极大强化了企业的社会责任,不仅有利于增强农民工的城市经济适应能力,缓解企业用工缺口,而且对树立"一主多元"的成本分担理念,加快政府角色由"服务提供者"向"规则制定者"转变具有积极意义。

　　从上述三个案例的分析和对比来看,其中蕴含着一个共同的逻辑主线,即要寻求成本分担各参与主体的利益共同点,进而通过有效的制度设计和政策保障,在强化各主体分担责任和参与积极性的基础上,促进政府职能转变,最终构建多元化的农民工市民化成本分担机制,从而消解本位主义思想带来的政策推行阻力。

　　总体而言,当前国内各地推进农民工市民化成本分担的典型案例体现出三个核心思想:一是应当积极强化各主体的社会责任,着力构建"多元协同"的农民工市民化成本分担机制;二是可依托积分入户制度,构建"梯度累进"的基本公共服务供给机制;三是应当坚持外部"赋权"与主观"增能"相结合的推进策略,积极寻求各参与主体的利益共同点。以此为依托,可以从顶层设计的角度构建中央政府、地方政府、企业和农民工多元参与的市民化成本分担机制,相信这将是下一阶段我国新型城镇化发展和农业转移人口市民化的大趋势。

# 第六章  加快新生代农民工市民化成本分担的机制设计与政策建议

　　新生代农民工市民化从本质上来说,是其作为理性"经济人"追求自身效用最大化的行为过程。对于各流入地政府而言,推进新生代农民工市民化需要综合考虑农民工市民化意愿与当地政府的财政支撑能力。从理论界现有研究来看,大多数学者倾向于从政策改革的角度探寻加快新生代农民工市民化的可行路径。就浙江省而言,随着近年来浙江省城乡一体化程度的提高,以往制约人口自由流动和公平发展的制度藩篱被进一步清除,新生代农民工市民化的政策环境进一步趋好。但是,巨大的农民工市民化成本始终存在,不仅阻碍了政策推行力度和改革实施效果,而且一定程度上造成了"技工荒"和农民工"流而不迁"等两难现象。

　　鉴于此,从成本分担的角度开展新生代农民工市民化问题研究,不仅有助于拓宽学术视野,而且有利于破解地方政府在政策推行过程中面临的现实难题。在前五章,本书通过对新生代农民工群体特征、市民化现状和市民化成本的实证测算,对当前浙江省新生代农民工市民化成本的总量规模和结构特征进行了系统研究。总体来看,由于新生代农民工市民化需要短期支付的一次性成本总量较大,这些成本由某一主体单独承担既不合理也不现实,因此迫切需要依托"多元协同"的理念,建立健全各级政府、企业、农民工和社会共同参与的成本分担机制,同时辅以相应的政策改革和机制创新,为消解市民化成本压力带来的政策阻力、加快农业转移人口市民化进程等提供有效的政策支撑。

# 第一节　构建"四位一体"市民化成本分担机制的总体思路

从顶层设计的角度来看,当前不论是理论研究还是决策层面,都已经对构建多元化的农民工市民化成本分担机制达成了共识。特别是随着《国家新型城镇化规划(2014—2020 年)》的出台,中央明确提出要"建立健全由政府、企业、个人共同参与的农业转移人口市民化成本分担机制"[①],国内学者围绕该问题的两个层面展开了系统研究:一是成本分担各主体的责任范围与分担比例,二是市民化成本的资金来源与筹措渠道。但是,由于农民工市民化本身是一项十分复杂的系统工程,涉及的参与主体和变动因素相对众多,而且由于农民工群体的代际分化和需求异质性,目前国内学者的观点仍存在较大争议。本节主要从原则和思路两个层面,对健全"多元协同"的新生代农民工市民化成本分担机制进行论述,以期为理论界达成学术共识提供有益的参考。

## 一、构建市民化成本分担机制的基本原则

如前所述,新生代农民工市民化具有典型的阶段性、历史性和具体性特征。从促进社会公平正义的角度来看,各级政府应当坚持以共享发展理念为引领,通过全面深化体制机制改革,为加快农业转移人口市民化、确保全

---

① 国家新型城镇化规划(2014—2020 年)[EB/OL].(2014-03-16)[2018-05-13]. http://www.gov.cn/gongbao/content/2014/content_2644805.htm.

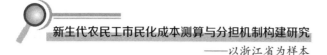

体人民公平分享经济发展成果提供现实通道和政策保障。从实现可能性的角度来看,既要兼顾农民工的市民化意愿和市民化能力,也要考虑流入地政府的财政能力和城市综合承载力。构建政府、企业和农民工共同参与的市民化成本分担机制,是破解新生代农民工市民化困境的现实出路,也是决胜全面建成小康社会、实现"两个一百年"奋斗目标的重大任务。要实现这一目标,就需要加快构建"多元协同"的市民化成本分担机制,并在这一过程中兼顾和处理好三个方面的关系。

### (一)要兼顾农民工的市民化意愿与市民化能力

农民工市民化本质上来说是其自身福利的改善,以及社会身份向上层流动的表现。从这个意义上来说,新生代农民工作为市民化的参与主体,应当积极承担相应的市民化成本。但是,由于当前新生代农民工普遍处于由"城市进入"向"城市融入"的转变阶段,其经济收入水平相对有限,因此市民化成本全部由其自身成本既不合理也不现实。与此同时,随着新生代农民工群体的类型分化,"城市市民型""城市农民型"和"农村农民型"农民工的外出动机、行为特征和留城意愿等均表现出极大差异,传统"一刀切"的市民化机制实施效果通常一般,而且还会加剧既有社会资源在不同群体间分配的矛盾。鉴于此,地方政府在推进新生代农民工市民化的过程中,应当充分尊重农民工个体的行为理性,以积极引导、理性包容的态度制定适度、可持续的农民工市民化方案,既不能为了提高户籍人口城镇化率而"开闸放水",也不能固守本位主义思想而"故步自封";应当采取积极稳妥的政策手段,既为符合落户条件的新生代农民工开辟现实通道,又通过健全完善的配套措施帮助其建立市民化的合理预期,进而实现流入地政府、农民工和城市市民的"多元共赢"。

### (二)要兼顾政府财政能力和城市综合承载力

从当前国内各地的具体实践来看,新生代农民工市民化的推进主体是各级地方政府,市民化成本分担的责任主体也是各级财政部门。不可否认,政府主导型的市民化策略具有积极作用,在我国现行的财政管理体制和市场运行机制下,它有助于达成思想共识、凝聚社会资源、形成政策合力。但同时,政府主导模式也会降低其他主体的责任意识和参与积极性,长期来看会形成对政府责任的过度依赖,本质上与福利多元主义的改革目标相背离。此外,从当前各省市农民工的市民化现状来看,一个普遍现象是户籍人口城镇化率低于常住人口城镇化率,这一方面说明农民工的市民化程度有待于进一步提高,另一方面说明外来人口的机械增长事实上超过了城市"适度人口规模"。鉴于此,地方政府在面对新生代农民工市民化诉求时,首先应当对农民工群体规模、地方政府财政能力和城市综合承载力进行系统研究,以明确城市的适度人口规模;其次应基于经济—人口分布的协调偏离度指数(coordination deviation index),确定人口流入的重点引导区域、基本饱和区域和限制流入区域,从而为优化区域人口结构和空间分布提供有效支撑。

**(三)要兼顾市民化成本分担各主体的利益均衡**

客观而言,农民工市民化成本分担虽然达成了普遍共识,但实际推行却困难重重,一个重要原因就是各主体的利益诉求复杂多样,难以寻找到有效的利益共同点。其次,农民工市民化成本分担是一项系统工程,需要相应的体制机制予以支撑和配合,但从我国目前的情况来看存在两个突出问题:一是缺乏有效的政策激励机制和利益补偿机制,各级地方政府的本位主义思想明显,特别是农民工流入地政府和流出地政府之间的利益博弈现象十分突出;二是缺乏有效的运行保障机制和监督评价机制,特别是在现行的财税体制之下,中央政府与地方政府的财权、事权不匹配,各级地方政府参与农民工市民化成本分担更多的是为了响应中央的政策号召,在支出责任和资金来源等方面存在很大的不确定性。长远来看,政府主导型的市民化成本分担模式不可持续,必须加快构建由各级政府、企业、农民工和社会组织

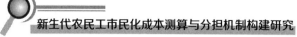

等共同参与的成本分担机制。而要实现这一目标，一个前置性的关键条件就是要寻找到各主体的利益共同点，实现农民工市民化成本分担的"最大公约数"。

## 二、构建市民化成本分担机制的总体思路

本书认为，新生代农民工市民化对社会整体福利的改善具有显著而积极的意义，政府、企业、农民工和市民均在这一过程中获得了农民工市民化带来的"人口红利"及相应的经济社会效益。党的十九大报告再次提出"加快农业转移人口市民化"的政策目标，从这个意义上来说，加快新生代农民工市民化成本的有效分担是破解农业转移人口"半市民化"困境、确保全体社会成员公平公正分享经济发展成果的必然要求。

早在2011年，国家发改委秘书长杨伟民就曾撰文指出，"农民工市民化成本需要由中央政府、地方政府和市场共同分担"①。照此思路，要建立健全"多元协同"的市民化成本分担机制，首先需要明确上述各参与主体的职责范围及责任界定，以消除利益分割带来的意见分歧。在此基础上，我们根据"多元协同"理念提出构建市民化成本分担机制的总体思路（见图6-1）。其次，图6-1中各参与主体的职责范围及其成本分担责任说明如下。

### （一）中央政府：加大财政转移支付力度，承担制度改革成本

国内学者普遍认为，新生代农民工"半城市化"和"失范性融入"困境产生的根源主要在于"双重户籍墙"的影响。因此，要加快新生代农民工的市民化进程，就必须以户籍制度改革为前提，进而逐步剥离依附于户籍制度之上的相关社会福利制度。由于我国区域经济发展不平衡，各地农民工的

---

① 杨伟民.农民工市民化成本要由政府和市场共同分担[N].人民日报，2011-03-03(1).

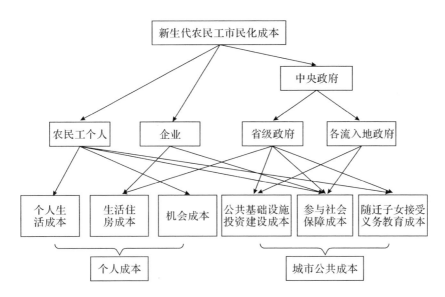

图 6-1 新生代农民工市民化"多元协同"成本分担机制

群体规模和地方政府的财政能力等各不相同,因此完全由流入地政府来负担农民工的市民化成本不仅会打击地方政府的积极性,而且会间接削弱城市居民的福利效益。鉴于此,就需要中央政府通过财政转移支付等方式,合理分摊制度改革引发的相关成本。例如,对于社会保障等具有公共性特征的支出,各级地方政府目前大多需要依靠上级政府的财政转移支付,因此强化中央政府在这些方面的转移支付可以调动地方政府参与市民化成本分担的积极性,减轻新生代农民工市民化的经济压力。此外,在我国传统城乡二元体制下城乡教育投入长期存在明显差距,导致新生代农民工的人力资本禀赋相对低下,为确保其获得与城镇居民相同的劳动技能和就业竞争能力,也需要中央政府加大在农民工再教育和职业技能培训等方面的转移支付力度,消除制度"遗产效应"带来的新生代农民工市民化困境。

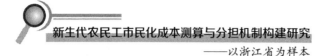
### (二)地方政府:完善公共服务供给机制,减少农民工市民化的政策阻力

如前所述,农民工市民化具有典型的正外部性特征,流入地政府通常享受到了较多的人口红利,例如地区经济发展水平提高、人口结构优化和劳动力素质提升等。因此,地方政府有义务解决针对农民工的公共产品供给问题。鉴于当前居住成本已经成为阻碍新生代农民工市民化的关键要素,笔者认为各级地方政府在加快推进农民工市民化的过程中,应当进一步深化保障性住房制度改革,特别是要切实扩大经济适用房和廉租房的政策覆盖范围,东部沿海发达省市可以采取"实物配给"和"租赁补贴"相结合的方式,减轻新生代农民工市民化过程中的居住成本支出。此外,鉴于新生代农民工"五险一金"的社会保障能力较弱,且参加社保的积极性相对不高,建议各级地方政府在积极扩大资金来源和争取中央财政转移支付及政策支持的基础上,切实分担新生代农民工的社会保障成本支出。要实现这一目标,各流出地政府应当在充分尊重农民工土地权益的前提下,积极加快探索农村土地产权制度改革,可借鉴和推广浙江嘉兴"十改联动"的有关做法,盘活农村土地资源,加快农地规模化经营和有效流转,确保新生代农民工的土地权益不受侵害,实现"带资进城"。

### (三)用工企业:保障农民工的合法权益,实施"同酬同权"待遇

企业是新生代农民工向市民转化的重要载体和现实基础,本应承担相应份额的农民工市民化成本。但目前来看,我国农民工市民化成本分担机制尚不健全,企业责任相对缺失。从各流入地的前期调查来看,用工企业为降低市民化成本分担对利润的可能影响,均不同程度地采取了提高劳动强度和延长劳动时间等不规范用工做法,导致了农民工城市融入满意度差和"民工回流"等现象,进而引发了不同程度的"技工荒"等问题。其实,倡导企业在农民工市民化成本分担中承担积极作用,并非只是增加了企业运营成

本,也并非劳资双方之间不可调和的矛盾。事实上,有学者已经指出,企业分担农民工市民化成本的关键在于切实改变用工理念,重视和保障劳动者权益,通过营造"互惠双赢"的用工氛围实现劳资双方的成本共担、利益共享。对此,企业首先应当扭转把新生代农民工视为廉价劳动力的不合理理念,尊重其价值创造,根据劳动贡献提高新生代农民工的薪资待遇,降低其市民化的经济成本。其次,企业应当严格遵守有关的规章制度,加大为新生代农民工办理社会保险的力度和效度,特别是对工伤保险和医疗保险等新生代农民工急需的社保项目,应当积极参保并按时足额缴纳保险费用,从而为市民化成本分担提供必要支撑。最后,企业应从新生代农民工的实际需求出发,制定方式灵活的培训方案,开展内容丰富、有针对性的培训项目,切实承担起农民工职业技能培训的主体责任。

**(四)新生代农民工:优化和调整消费支出结构,强化自身人力资本禀赋**

新生代农民工作为市民化的主体,理应承担相应的市民化成本。但是,鉴于当前新生代农民工经济收入水平相对较低,由其自身承担全部的市民化成本既不合理也不现实。那么,新生代农民工应当承担哪些成本,以及承担的比例是多少,就成为国内学者争议较大的问题。当前,一种主流的观点是新生代农民工应当承担自身在城市居住和生活的直接成本,同时根据自身经济能力承担一部分社会保障成本,其他带有显著公共支出特征的成本则应由各级政府予以承担。根据马克思辩证唯物主义观点,强调政府责任与突出农民工个体能动性并不矛盾,在我国现行的财税体制之下,若过多地将农民工市民化成本推给流入地政府,不仅无益于提高社会的整体福利水平,而且会给流入地政府带来不良的政策预期。本书在研究中指出,新生代农民工具有一系列与上一代农民工显著不同的特点,其外出动机、行为模式和融入诉求等具有显著的代际特征。因此,各级政府在加快推进新生代农民工市民化的进程中,不能简单地采取"一刀切"的同一化路径,而应根据新生代农民工的有关特征,制定差异化、阶梯性的推进策略,目前来看一个现

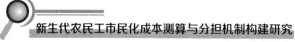

实抓手是倡导新生代农民工树立"理性适度"的消费理念,大力营造一种"勤俭崇学"的社会氛围,通过强化其人力资本禀赋,增强市民化能力。

# 第二节　加快浙江省新生代农民工市民化
## 成本分担的政策建议

前文研究表明,新生代农民工市民化成本分担的关键在于寻求各主体的利益共同点,在尊重各主体行为理性和现实承载力的基础上,制定适度、可持续的市民化成本分担方案。要实现这一目标,除了要构建"多元协同"的市民化成本分担机制以明确各主体的职能范围和支出责任之外,还需要辅以系统性、整体性的制度变革,在增强新生代农民工自身对市民化成本分担能力的基础上,加快促进政府角色由"服务提供者"向"规则制定者"和"运行监督者"转变。具体来看,本书认为应当从加快农村土地制度、财政转移支付制度、公共服务供给制度、劳动就业提升制度和住房供应保障制度六个层面的政策创新组合,逐步消解市民化成本分担中的政策阻力,进而为协同推进新生代农民工市民化提供有效的政策支撑。

## 一、加快农村土地制度改革

在以往关于农民工市民化问题的研究中,我国现行土地制度存在较多的弊端,这一点广为国内学者诟病,特别是土地产权的主体界定模糊、土地流转机制不畅、土地征用补偿标准偏低三个问题。[①] 从国内各地的实际情况来看,土地能够得到有效流转的可能性很低,而且地方政府通常主导了农村

---

① 杜亭亭.云南省农民工市民化的合理推进速度及成本研究[D].昆明:云南财经大学,2017.

土地处置并获得了相应收益,农民在土地流转中可以获得的征地补偿金额度十分有限,因此与政府相比获益较少。这一现象的结果有两个:一是使农民工难以完全摆脱与土地的内在联系,在从"农民"向"市民"的转变过程中,客观上增加了转化成本,阻碍了市民化的彻底性;二是农民工无法通过土地流转获得足额、合理的市民化资金,直接加重了其在城市融入过程中的生活和居住等方面的成本负担,阻碍了市民化的顺利推进。鉴于此,要有效消解市民化成本对农民工带来的巨大压力,各级政府就需要深入思考如何完善土地制度及流转机制,具体建议如下。

**(一)明确土地产权主体,建立健全土地流转市场**

明确土地产权主体是实现土地流转的基本前提,也是长久以来国内学者争论的焦点。目前来看,代表性的观点主要有两种:一种认为应当实行国家土地所有制,将集体所有的土地收回;另一种认为应当实行土地私有化,使农民能够通过购买或转让等方式依法享有对土地的占有、使用、收益和处置等权利。但从实践操作的角度来看,上述两种方法都不具备可行性:首先,土地国有化并不适合我国国情,而且会衍生出一系列重大问题,如国家所有权的实现方式和国家所有权代表问题,以及农民产生的土地被国家剥夺感的问题;其次,土地私有化本质上与我国社会主义公有制的基本经济制度相矛盾,因此也难以深入推行。

鉴于此,本书认为要在现行的政策框架下完善农村土地制度,政府应当从顶层设计的角度思考在坚持现有土地集体所有制的条件下,适度、合理地放宽农民对集体土地的处置、交易和抵押等权利。具体而言,一方面要加大允许土地流转的程度和可能性;另一方面要尽快完善相关的制度支撑,通过税收等手段对土地流转进行有效的监督和调控,逐步建立健全规范的农村土地流转市场。

要实现这一目标,首先,应明确进入市场流转的土地的性质及相应要求。对于依法享有土地承包经营权的,可以保持其集体所有制的性质不变,

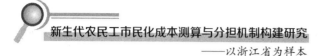
但不可以更改土地性质为非农用地或建设用地。其次,应在进一步拓宽流转主体范围的基础上采取更加灵活高效的土地流转方式(如出租、转让和参股等),同时建立健全有效的约束机制降低相关的经营风险。再次,应进一步健全和完善土地流转市场服务体系。从市场交易的角度来看,土地流转本质上是供求双方在市场价值规律的作用下实现土地价值转移的行为决策过程。从这个意义上说,农村土地市场化并不等于允许土地进行无限制的转让,政府在此过程中应当实现职能定位的转变,即由土地垄断向土地监管与提供服务转变。简言之,土地市场化要求政府在放松土地流转市场的同时对土地流转行为进行适度和必要的监管,进而建立与土地交易行为相关的市场服务体系,如土地流转信息收集和发表体系、农村土地流转服务中心或服务站、土地流转纠纷仲裁机构、土地流转中介服务组织等。当然,为了进一步激发土地流转的积极性,政府也可以制定和实施相关的优惠政策,以引导和帮助一部分自愿放弃农村土地的农民工进入土地流转市场。

**(二)完善征地补偿制度,制定适度征地补偿方案**

制定明确的土地征用补偿标准,给予失地农民一定的经济补偿是加快土地产权制度改革的重要内容。在此过程中,应避免"一刀切"的简单粗暴做法,建议根据土地属性制定和实施相应的补偿标准,例如,对于国家公共事业征用的土地,建议根据土地资源质量和农民开发利用程度,以不降低农民现有生活质量为标准给予相应的合理补偿;对于经营性和营利性用地补偿,可在双方自愿协商的基础上,采用招标等市场化手段确定补偿金额。

针对当前各地在土地征用中存在的突出问题,建议各级政府加大对土地征用补偿的监督和检查力度。首先,应进一步完善相关的法律法规,加大对征地过程中违法违规行为的监督和查处力度,切实保障农民的合法权益。其次,应根据农民自身的利益诉求和地方政府的财政负担能力,制定适度、合理的资金补偿方式。例如,既可以采用现金补偿的方式直接给失地农民提供一定数额的征用费和安置费,也可以采用社会保障的补偿方式为失地农民提供必要的社会保险,消除其未来的潜在风险。鉴于一次性经济补偿的额度通常有限,并不能为失地农民提供长效性的保障功能,因此目前国内学者更多倾向于采用第二种方案,以降低失地农民向城市贫困群体转变的风险和可能性。

鉴于此,目前国内许多地区在制定市民化方案时,通常是采用两种方案相结合的方法,以弥补单一政策手段的不足。例如,成都市鼓励农民工以土地承包经营权或宅基地来换取城镇社会保障,首先为失地农民工提供一定额度的土地补偿费和安置补偿费等;其次,逐步为他们提供与城镇居民相等的社会保障权利。当然,在这一过程中各级政府也要综合考虑农民工的个人诉求与当地政府的财力状况,可以让农民工自行选择参保方式和参保标准,政府可以据此制定相应的待遇享受标准和适度补贴标准,以实现农民工个人诉求与政府政策目标的有机结合。

### (三)完善土地征用程序,规范土地征用行为

公平高效的土地征用程序是维护失地农民合法权益、充分激活土地征用潜在效益的基本前提。从当前国内各地征地的具体实践来看,普遍存在一些较为突出的现实问题,引发了失地农民的强烈不满甚至造成激烈的群体冲突。鉴于此,首先,各级政府今后应通过科学合理的规划方案,明确土地征用权的行使范围,确保土地征用行为的必要性、合法性、公正性,坚决杜绝滥用土地征用权。其次,应制定有效的监管机制,实行土地征用听证制或集体决策制。理论界已有研究表明,在我国当前的土地征用制度下,广大农民普遍缺少土地利用的知情权、选择权和决策权,参与机制的缺失导致征地农民工的利益受损却无法有效表达。针对这种情况,建议实行征前听证制度或公示制度,特别是对于公用事业土地的征用和经营性土地的开发利用等,必须确保被征地农民充分了解土地被征用的原因和用途、拆迁安置办法及相应的补偿标准,着力保障被征地农民的知情权和选择自主权。此外,还应进一步优化土地价格传导机制,一方面保障农民的非农业

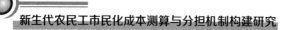
用地得到充分合理的利用,另一方面确保土地价格由农民和征用地单位在平等协商的基础上自主形成,以市场化手段充分反映土地的供求关系,切实保护农民的土地权益,避免农民由于博弈劣势而遭受土地流转收益的可能损失。

## 二、完善财政转移支付制度

如前所述,在现行的财政体制之下,中央政府与地方政府的财权事权不匹配,导致地方政府普遍面临农民工市民化成本分担的巨大压力。鉴于短期内需要一次性支出的农民工市民化成本数额较大,许多地方政府均存在不同程度的"成本恐高症",对加快推进基本公共服务均等化普遍采取了较为谨慎和保守的态度。

秦加加指出:"税制以来中央政府承担的事权范围不断缩小,而财政收入占比却迅速增加;地方政府承担的事权责任逐渐增大,但财政收入占比却逐渐缩减。这就导致了当前地方政府以较少的财政收入来承担较多的地方事务的'两难困境'出现,从而影响了地方政府参与市民化成本分担的积极性。"①具体而言,随着中央政府将更多的事权下移给地方政府,地方政府普遍承担着较大规模的市民化成本支出,特别是社会保障成本作为外溢性较强的成本支出本应由中央政府来承担,然而现实情况却是地方政府通常负担了更高比例的社会保障成本。在农民工市民化过程中,尽管中央政府向地方政府下拨了一定的社会保障资金,但这部分资金通常被划入农民工流出地而非流入地,致使流入地政府面临着有限的中央专项保障资金和更多的农民工市民化带来的"双重财政压力"。

《国家新型城镇化规划(2014—2020 年)》和党的十九大报告均明确提出

---

① 秦加加.河北省农业转移人口市民化社会保障成本测算及分担机制研究[D].石家庄:河北大学,2017.

"加快农业转移人口市民化"的战略目标,因此长期来看地方政府将面临越来越大的农民工市民化成本压力,其中一个核心问题就是各流入地政府必须提供与农民工市民化相适应的基本公共服务,以满足新增城市人口的社会福利诉求。

鉴于此,为确保新型城镇化过程中农民工市民化的顺利推进,建议按照事权与财权相统一的原则,围绕"事权上移"和"财权下移"的基本思路,进一步深化财税体制改革,具体而言要做好两个方面的工作。一是对于具有较强外溢性的社会保障项目(如养老保险和医疗保险等),由于它们会随着农民工的流动和迁移向国内其他地区扩散,建议将该项成本支出责任适度上移给中央政府,适当提高中央政府承担的农民工市民化社会保障成本支出比重,以弥补传统二元体制下因制度弊端造成的农民工市民化"沉淀成本"。二是建议地方政府按"权责对等"原则,切实承担起农民工市民化过程中的社会保障事务,并获得与其支出责任相对等的财权。

要实现上述目标,建议从拓宽地方政府的财政收入来源和强化支出责任两方面,创新和优化现行的财税体制:首先,建议将中央政府的专项财政补贴和税收返还归入地方财政收入,并赋予地方政府税收立法权和财政自主权,允许其开辟相应税源以增加地方政府的财政收入,从而提高地方政府承担农民工市民化的成本负担能力;其次,建议将外溢性较强的社会保障事务上移至中央政府,减少地方政府的事权范围,以消解地方政府因巨大的市民化成本支出压力带来的政策推行阻力,最终实现中央政府与地方政府在成本分担上的"权责均衡"。

## 三、创新社会保障供给制度

健全完善的社会保障制度是确保农民工实现从"农民"身份向"市民"身份转变的关键,是改变其"半城市化"和"失范性融入"困境的有效手段,也是构建长效性、可持续性市民化成本分担机制的内在要求。当前,农民工在社

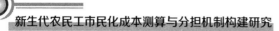

会保障方面的缺失表面上看是因为制度设计上的缺陷,但究其根源,主要在于社会保障资金困乏,以及支撑制度改革的融资手段相对有限。① 鉴于此,地方政府在参与农民工市民化成本分担的过程中,应积极拓展融资平台,特别是要在争取中央财政补贴的基础上与银行开展相关业务合作,尝试以市场化、社会化的方法创新市民化成本的筹资渠道和融资平台。当然,面对我国现行社会保障体系的不足,各级政府应当加快社会保障体制机制改革,特别是要根据农民工的代际特征和市民化诉求,加大对社会保障制度的调整和完善力度。

### (一)逐步向农民工开放城镇居民养老保险体系

考虑到新生代农民工留城意愿的增强及市民化的长期趋势,建议各级部门按照"分类推进"的原则,采取有针对性的措施分批分类为其提供相应标准的养老保险。具体而言,可尝试优先将具备一定市民化能力并且市民化意愿强烈的农民工率先纳入城市养老保险体系,对居留意愿不强烈并且流动性较强的农民工则可以适当地给予资金补助以鼓励其参加社会保险,让那些有需要的农民工能够按照相应的缴费率、以市场化的方式享受到相应的养老保险待遇。此外,针对我国养老保险体制较为僵化的现状,各级政府应加快解决农民工养老保险的跨区域转移接续问题,通过简化养老保险的转移手续降低农民工市民化的机会成本,当前我国东部沿海各省市(如浙江省宁波市)实行的"一卡通"服务就是有效的探索。

### (二)分批逐步完善农民工的工伤保险政策体系

国内学者普遍认为,工伤保险的缺失是导致农民工陷入贫困不可忽视的重要因素。从新生代农民工的年龄结构来看,他们大多处于劳动能力较

---

① 杜亭亭.云南省农民工市民化的合理推进速度及成本研究[D].昆明:云南财经大学,2017.

强的黄金生产阶段。但从就业的行业分布来看,他们中许多人的工作环境和工作性质存在一定的危险系数,工伤保险的缺失极易导致新生代农民工及其家庭陷入贫困,加剧了沦为城市贫困群体的可能。此外,近年来农民工因工作环境较差而引发的"尘肺"等职业病数量居高不下,引起了国内各阶层群体的广泛关注。鉴于此,各级政府应加大对工伤保险的执行和监督力度,明确将农民工工伤保险纳入监督考核范围,工伤保险的支出成本可由流入地政府和企业共同承担。

**(三)逐步为农民工提供与城镇居民均等的医疗保险**

为防止农民工"因病致贫""因病返贫",各级政府应当切实关注为农民工提供相应的医疗保险,特别是要确保其在缴费标准和享受待遇上与城镇职工的"权利与义务对等"。考虑到医疗保险成本支出的财政压力和现实可操作性,建议基于对农民工类型的划分,采取不同的保险策略。具体而言:

首先,对于拥有固定工作和稳定收入水平的农民工,可以在实行部分优惠政策的基础上,由地方政府和用工企业共同分担部分医疗保险成本,同时鼓励农民工自愿缴纳医疗保险。其次,对于工作稳定性不强、收入水平偏低的农民工,建议可以放缓医疗保险政策的实施,暂时将其纳入大病统筹保险的范畴,由地方政府主导分担一部分医疗保险成本。

在此过程中,各级政府应当进一步加快建立健全农民工医疗保险的城乡转移接续手续,减少机会成本造成的农民工参保意愿降低。

**(四)逐步为农民工提供与城镇居民同等的最低生活保障**

最低生活保障是避免农民工陷入贫困的"最后安全网",是维护其在城市工作和生活底线尊严的必要手段。从我国城市化发展的长期历程来看,农民工事实上已经成为城市真正的产业工人,是新型城镇化建设的一支重要力量,为城市经济发展和社会建设做出了不可磨灭的贡献。从这个意义

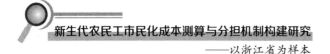
上说,中央政府和各级地方政府理应为农民工在遭遇特殊情况而难以维持基本生活时,给予必要的帮扶和救助。在具体操作中,同样建议对农民工按照类型分化采取不同的实施策略:一方面,对于拥有稳定职业和合法住所的新生代农民工,建议可以对其实行倾斜性的优惠政策,优先将其纳入城市居民最低生活保障体系;另一方面,对于工作流动性大、收入水平不稳定的农民工,建议首先改善其劳动条件和就业环境,通过为其提供相应的技能培训和就业信息,增强其在就业市场的竞争力和城市经济适应能力,进而提高其市民化的能力和水平。

## 四、强化劳动就业提升制度

经济融入是新生代农民工市民化四个测量维度中的首要因素,而公平充分的劳动就业是确保新生代农民工增强城市经济适应能力的核心。近年来,随着制约人口自由流动和公平发展的制度藩篱被进一步清除,新生代农民工在劳动就业市场中的权益状况得到较大改善,但由于传统城乡二元体制下劳动力市场的分割,不公平、不规范的用工行为仍然普遍存在,并直接影响了农民工劳动就业的合法权益,进而阻碍了其市民化程度的有效提高。

面对经济发展新常态,要加快农民工市民化成本的有效分担,就必须进一步健全和完善劳动就业制度,确保农民工薪资水平和工资收入的合理增长,从而增强其参与市民化进程的竞争能力。在此过程中,要始终以确保农民工的稳定就业和"同工同权"作为健全劳动就业制度的主线,以增强农民工的就业竞争能力和城市经济适应能力为落脚点,以提高其市民化个人成本的分担能力为目标,加快相应的体制机制改革。具体而言,要做好以下几方面的工作。

### (一)拓宽农民工就业渠道,保障稳定合法就业权利

针对当前农民工就业中存在的突出问题,首先,要加快推进城乡劳动力

市场一体化改革,在完善农民工就业准入机制的基础上,适度降低劳动力市场的准入门槛。其次,应以提高农民工的就业竞争能力为目标,进一步完善就业服务和职业技能培训机制,积极拓宽技能培训项目,提高农民工的职业发展能力。

具体而言,流入地政府应当把农民工技能培训放入整体规划中统筹考虑。一方面,要加快完善劳动就业服务体系,建立健全就业信息网,向农民工提供及时、准确、丰富的就业信息,努力营造公开平等的就业环境,加快农民工在不同区域和不同就业岗位间的自由充分流动;另一方面,流入地政府应制定有效的技能培训方案,通过创新培训方式、强化培训实效、完善配套措施等手段,增强技能培训在提高农民工自身禀赋和满足企业生产需要中的作用。针对当前农民工用于自身人力资本投资不足的现实,地方政府在财政能力允许的条件下,可尝试制订相应的培训成本分担计划,为符合条件的农民工提供免费培训,通过降低培训成本激发其参与积极性。

**(二)构建合理的工资增长机制,保障农民工合法权益**

长期来看,实现农民工与城市职工"同工同酬、同工同权"是提高市民化水平的核心目标,也是当前农民工市民化面临的最大短板。就农民工市民化的经济效益而言,企业在生产经营过程中事实上享受到了农民工"人口红利"带来的劳动力增值,因此也有相应义务负担农民工市民化的部分成本。

在具体操作中,建议首先加大对企业行为的监督和检查力度,要求农民工所在企业切实遵守《劳动合同法》规定的各项义务,确保农民工能够享受到与城市职工相同的待遇水平,对企业拖欠农民工工资引发的劳资纠纷等应加大打击力度,严格规范企业用人行为。其次,企业应严格履行农民工的社会保险缴纳义务,自觉、主动、足额为农民工缴纳相应的社会保险,并在保险费的缴纳标准等方面与城镇职工一视同仁,切实维护农民工的合法社会权益。在此过程中,建议各级政府建立完备的就业登记制度,保证企业将包括农民工在内的全体员工均纳入雇员范畴,在准确核算雇员人数的基础上

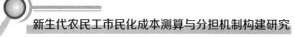

明确社会保险支出成本,消除企业对农民工市民化成本支出的不合理预期和抗拒心理。

## 五、健全住房供应保障制度

在流入地城市拥有合法稳定的住所是新生代农民工市民化的必要条件,但是相对于农民工目前的收入水平,完全依靠农民工自身的力量解决居住问题并不现实。根据国家统计局《2016 年农民工监测调查报告》,进城农民工中租房居住的比例为 62.4%,购买商品房的农民工比例仅为 16.5%,单位或雇主提供住房的农民工比例为 13.4%。从人均居住面积来看,37.4% 的农民工居住面积为 6~15 平方米,25.5% 的农民工居住面积为 16~25 平方米,12.6% 的农民工居住面积为 26~35 平方米,居住面积超过 36 平方米的农民工比例仅有 8%。① 因此,需要各级政府根据农民工的市民化需求和经济收入状况,探索建立多渠道、多方式的住房供应保障体系,通过减轻新生代农民工市民化的居住成本,加快其由城市"边缘人"向城市市民的有效转化。具体来看,可以从以下三个方面进行探索和创新。

### (一)完善政府职能,制定适度的农民工住房优惠政策

根据国家新型城镇化发展规划,未来一段时期国内各大城市的农民工市民化需求仍将保持高位态势,特别是东部沿海地区的新生代农民工总量规模十分庞大。与高昂的城市房价相比,由新生代农民工自身承担相应的住房成本,当前来看并不现实。从政策视角来看,各级政府虽然制定了针对低收入群体的保障性住房政策,但主要受益对象是城镇低收入家庭。新生代农民工由于"半城市化"的特殊身份,以及各地依托户籍制度之上的相关

---

① 国家统计局. 2016 年农民工监测调查报告[EB/OL]. (2017-04-28)[2018-05-13]. http://www.stats.gov.cn/tjsj/zxfb/201704/t20170428_1489334.html.

社会福利制度的限制,其事实上可以享受到保障性住房的比例相对偏低。

大量研究表明,居住成本的加重会直接降低新生代农民工的市民化意愿,阻碍其市民化进程。在此情况下,建议各级地方政府根据国家保障性住房政策的有关规定,在综合考虑当地政府的财政能力和地区经济社会发展现实的基础上,加快完善新生代农民工住房保障体系。在实际操作中,建议优先将符合条件的农民工统一纳入保障性住房政策范围之内,享受相应的政策待遇;对于低收入农民工,则可以按照一定标准向其发放住房补贴,减轻其在城市居住的经济压力。上述两种方法相结合,既可以缓解农民工因居住问题产生的被排斥感,也可以减轻企业和农民工的居住成本负担,同时,"分类实施"的住房保障体系也避免了传统"一刀切"模式下政府财政负担过重的问题,可以统筹协调有关各方的利益。

**(二)创新政策机制,提供针对农民工的低租金住房或商品住房**

《国家新型城镇化规划(2014—2020年)》和党的十九大报告均体现出以市场化手段解决农业转移人口市民化问题的主导思路,明确提出要"充分发挥市场在资源配置中的决定性作用"。以此为指导,浙江等东部沿海地区经济发展水平较好的省市可以在运用市场化机制解决农民工居住问题方面进行有益探索。例如,各流入地政府可以尝试与开发商进行合作,根据新生代农民工的居住特点和市民化诉求,建立一批专门针对农业转移人口的出租房或廉租房。在具体操作中,政府无须直接受理农民工的个人申请,可以将该批房源提供给面向农民工的用人单位,由其在对申请人资格进行自行审查的基础上,以低于当地市场价格的租金标准提供给有需要的农民工。

此外,各地政府还可以在现有经济适用房政策的基础上,进一步制定和完善针对新生代农民工的住房优惠政策。在具体操作中,对于集资兴建职工宿舍的用工企业,地方政府可以给予一定的补贴;对于举家迁移且具有合法稳定工作的农民工,可以将其纳入当地的经济适用房申请范围。在具体实施中,各地可以根据农民工的居住年限、婚姻状况、职业类型和就业领域

等标准,制定实施不同的居住政策。例如,对于单位不提供集体宿舍的农民工,可以给予一定的租房补贴;对于就业相对稳定但收入水平较低的农民工,可以将其纳入廉租房等公共租赁住房的政策覆盖范围;对于居住时间较长而且就业和收入都相对稳定的农民工,可以将其纳入经济适用房的政策覆盖范围;对于居留意愿强烈且经济收入水平较高的农民工,可以由市场机制满足其住房需求。

### (三)强化企业社会责任,鼓励用人单位提供宿舍或给予住房补贴

居住条件的改善不仅是农民工基本的生活需要,也是关系到其生活品质和公民尊严的重要问题。在满足农民工住房需要的过程中,除了强调政府的宏观调控和政策扶持作用之外,还要重视和发挥用工单位在向农民工提供必要的居住保障中的基础和关键作用。

早在 2014 年,国务院就先后发布了《国家新型城镇化发展纲要》和《关于进一步推进户籍制度改革的意见》等一系列政策文件,对解决农业转移人口的居住问题进行了有效部署。文件指出,要重视和发挥用工单位在改善农民工居住条件中的作用,各地可以尝试通过为农民工提供员工宿舍、住房补贴、低价房屋租赁等多种方式,逐步解决农民工的住房短缺问题,进而在强化企业社会责任的基础上减轻社会治理压力。

当然,企业作为市场经济运行的主体,其行为决策的核心要素是预期经济收益,要求企业加大向农民工提供住房的成本支出与其行为理性相悖,因而通常存在较大的推行难度。此外,新生代农民工具有高流动性特点,不论对其进行技能培训还是提供住房条件,都必然会与企业追求利润最大化的价值目标形成冲突。因此,从长远来看,要切实强化企业在农民工市民化居住成本分担中的作用,关键在于建立常态化和可持续性的保障机制,新生代农民工居住成本的分担终究还是需要依靠政府、企业、农民工和社会的合理有效分担,以多元主体间的利益动态均衡来消解市民化居住成本带来的巨大政策推行压力。

# 参考文献

## 一、英文图书

［1］Becker G S. Human cpital［M］. New York：Columbia University Press，1975.

［2］Bourdieu P. The forms of capital［M］. Oxford：Blackwell，2008.

［3］Desai V，Potter R. The companion todevelopment studies［M］. London：Hodder Education，2008.

［4］Portes A. The economic sociology of immigration：essays on the networks，ethnicity and entreprenership［M］. New York：Russell Sage Foundation Publications，1995.

［5］Rose R，Shiratori R. The welfare state：east and west［M］. New York：Oxford University Press，1986.

［6］Versantvoort M. Evaluative werknemers-verkeer MOE-landen［M］. Rotterdam：Ecorys，2006.

## 二、英文期刊论文

[1] Adepoju A. Issues and recent trends in international migration in Sub-Saharan Africa[J]. International Social Science Journal. 2010,52(165): 383-394.

[2] Angrist J D, Kugler A D. Protective or counter-productive? Labour market institutions and the effect of immigration on EU natives[J]. Economic Journal,2003,113:302-331.

[3] Borjas G J. The economics of immigration[J]. Journal of Economic Literature,1994,32(4):1667-1717.

[4] Borrow L. School choice through relocation: eidence from the Washington D. C. Area[J]. Journal of Public Economics,2002,1(86):155-189.

[5] Bruecker H, Hauptmann A, Jahn E J, et al. Migration and imperfect labor markets:theory and cross-country evidence from Denmark,Germany and the UK[J]. European Economic Review,2014,66:205-225.

[6] Cutler J C. Priciple of demography[J]. American Journal of Public Health & the Nations Health,1969,59(12):2290-2291.

[7] Da Vanzo J. Differences between return and nonreturn migration: an econometric analysis[J]. International Migration Review,1976,10(1): 13-27.

[8] Day K M. International migration and local public-goods[J]. Canadian Journal of Economic-review Canadian Economic,1992,25(1):123-144.

[9] Ferber, T. Personen meteen uitkering[J]. Social Econo-mische Trends ,2008, (1):25-34.

[10] Fox W F,Herzog H W,Schlottman A M. Metropolitan fiscal structural and migration[J]. Journal of Regional Science,1989,29(4):523-536.

[11] Frank P. Explanations of migration[J]. Annual Review of Sociology. 1976,2 (1):363-404.

[12] Frey W H. Immigration and internal migration "flight":1990 census findings for California[R]. Ann Arbor:Michigan University,2017.

[13] Henderson V. Urbanization in developing countries[J]. New Zealand Geographer,2002,17(1):89-112.

[14] John P,Dowding K,Biggs S. Residential mobility in London:a micro-level tTest of the behavioral assumptions of the tiebout model[J]. British Journal of Political Science,1995,3(25):379-397.

[15] Lee E S. A theory of migration[J]. Demography,1966,3(1):47-57.

[16] Lewis W. Economic development with unlimited supplies of labour [J]. Manchester School of Economic and Social Studies,1954,22(2): 139-191.

[17] Linn J F. The costs of urbanization in developing countries[J]. Economic Development and Cultural Change,1982,30(3):625-648.

[18] Maslow,A. A theory of human motivation[J]. Psychological Review, 1943,(50):370-396.

[19] Massey D S. Social structure,hHousehold sStrategies,and cumulative causation of migration[J]. Population Index,1990,56(1):3-26.

[20] Mayda A M. International migration:a panel data analysis of the determinants of bilateral flows[J]. Journal of Population Economics, 2010,4(23):1249-1274.

[21] Oyelere U,Oyolola M. Do immigrant groups differ in welfare usage? evidence from the US[J]. Atlantic Economic Journal,2011,39(3): 231-247.

[22] Ravenstein E G. The laws of migration[J]. Journal of the Statistic Society,1976,151(1385):289-291.

[23] Rhode P W, Strumpf K S. Assessing the importance of Tiebout sorting: local heterogeneity from 1850 to 1990[J]. American Economic Review, 2003,93(5):1648-1677.

[24] Richardson H W. The costs of urbanization: a four-country comparison[J]. Economic Development and Cultural Change, 1987, 35(3):20-25

[25] Schlutz T W. Instituitions and the rising economic value of man[J]. Journal of Agriculture Economy. 1968,5(50):1113-1122.

[26] Sharp E B. Citizen-demand making in the urban context[J]. American Journal of Political Science. 1984,28(4):654-670.

[27] Sjaastad L. The costs and returns of human migration[J]. Journal of Political Economy, 1962,70(5):80-93.

[28] Sjaastad L A. The costs and returns of human migration[J]. Journal of Political Economy, 1962,70(5):80-93.

[29] Todaro M P. A model of labor migration and urban unemployment in less developed countries[J]. American Economic Review, 1969,59(1): 138-148.

[30] Todaro M P. A model of labor migration and urban unemployment in less developed countries[J]. American Economic Review, 1969,59(1): 138-148.

[31] Trejo B S J. Immigrant participation in the welfare system[J]. Industrial and Labor Relations Review, 1991,44(2):195-211.

## 三、外文其他文献资料

[1] Camarota S A. The high cost of cheap labor[R]. Center for Immigration Studies Working Paper, 2004:1-48.

[2] Desai V, Potter R. The companion to development studies[R]. Hoddder

Education,2008.

［3］Henderson V. Urbanization in developing countries［R］. The World Bank Research Obeserver,2002.

## 四、中文译著

［1］［德］亨利希·库诺.马克思的历史、社会和国家学说［M］.袁志英,译.北京:商务印书馆,1988.

［2］［德］尤尔根·哈贝马斯.交往行为理论［M］.曹卫东,译.上海:上海人民出版社,2004:37.

［3］［美］查尔斯·德伯.马克思的预言:危机中的世界［M］.李力,译.北京:人民日报出版社,2012.

［4］［英］安东尼·吉登斯.第三条道路:社会民主主义的复兴［M］.郑戈,译.北京:北京大学出版社,2000.

［5］［英］罗纳尔多·蒙克.马克思在21世纪:晚年马克思主义的视角［M］.张英魁,王亚栋,张长虹,译.南京:江苏人民出版社,2010.

## 五、中文图书

［1］阿瑟·刘易斯.二元经济论［M］.施炜,等译.北京:北京经济学院出版社,1989.

［2］蔡昉.中国的二元经济与劳动力转移［M］.北京:中国人民大学出版社,1990.

［3］陈传胜.马克思恩格斯的公平正义观研究［M］.合肥:合肥工业大学出版社,2011.

［4］当代马克思主义政治经济学十五讲［M］.北京:中国人民大学出版社,2016.

[5] 党的十九大报告辅导读本[M].北京:人民出版社,2017.

[6] 邓正来.市民社会理论的研究[M].北京:中国政法大学出版社,2002.

[7] 范斌.福利社会学[M].北京:社会科学文献出版社,2006.

[8] 丰子义,杨学功.马克思"世界历史"理论与全球化[M].北京:人民出版社,2002.

[9] 高鸿业.西方经济学[M].北京:中国人民大学,2011.

[10] 谷建全,王建国.河南蓝皮书:河南城市发展报告(2014)[M].北京:社会科学文献出版社,2014.

[11] 韩庆祥,黄相怀.中国道路能为世界贡献什么[M].北京:中国人民大学出版社,2017.

[12] 李培林.当代中国民生[M].北京:社会科学文献出版社,2010.

[13] 马克思.1844年经济学哲学手稿[M].北京:人民出版社,2000.

[14] 马克思.资本论[M].北京:人民出版社,2004.

[15] 马克思恩格斯文集[M].北京:人民出版社,2009.

[16] 潘家华,魏后凯.中国城市发展报告No.6:农业转移人口的市民化[M].北京:社会科学文献出版社,2013.

[17] 盛来运.大国城镇化:新实践,新探索[M].北京:中国统计出版社,2014.

[18] 孙伯鍨,张一兵.走进马克思[M].南京:江苏人民出版社,2001.

[19] 王沪宁.政治的逻辑:马克思主义政治学原理[M].上海:上海出版社,2004.

[20] 习近平.习近平谈治国理政(第二卷)[M].北京:外文出版社,2017.

[21] 许光.福利转型:城市贫困的治理实践与范式创新[M].杭州:浙江大学出版社,2014.

[22] 许光.新生代农民工城市融入的进程测度及政策创新研究[M].北京:中国社会科学出版社,2017.

[23] 俞吾金.重新理解马克思:对马克思哲学的基础理论和当代意义的反思[M].北京:北京师范大学出版社,2013.

[24] 张广胜,周密.新生代农民工市民化进程的测度及其决定机制:基于人

力资本与社会资本来耦合的视角[M].北京:经济科学出版社,2008:9.

[25] 张一兵.回到马克思:经济学语境中的哲学话语[M].南京:江苏人民出版社,1999.

[26] 中共北京市委宣传部,中共北京市委讲师团,北京电视台.正道沧桑:社会主义500年[M].北京:北京出版社,2013.

[27] 中共中央文献研究室.十八大以来重要文献选编(上)[M].北京:中央文献出版社,2014.

[28] 中共中央文献研究室.十三大以来重要文献选编(上)[M].北京:人民出版社,1991.

## 六、中文期刊论文

[1] 曹宗平.农村剩余劳动力转移的成本分析及路径选择[J].山东社会科学,2009(4):74-81.

[2] 曾红颖.我国基本公共服务均等化标准体系及转移支付效果评价[J].经济研究,2012(06):20-32.

[3] 曾亿武,丘银.我国农民工市民化成本研究综述[J].安徽农业科学,2012(17):95-98.

[4] 陈广桂,孟令杰.市民化中的农民与政府行为分析[J].农业经济问题,2008(10):91-95.

[5] 陈广桂.房价、农民市民化成本和我国的城市化[J].中国农村经济,2004(3):44-48.

[6] 谌新民,周文良.农业转移人口市民化成本分担机制及政策涵义[J].华南师范大学学报(社会科学版),2013(5):134-141.

[7] 董理,张启春.我国地方政府公共支出规模对人口迁移的影响:基于动态空间面板模型的实证研究[J].财贸经济,2014(12):40-50.

[8] 董延芳,刘传江,胡铭.行为经济学视角的农民工隐性户籍墙分析[J].中

国人口·资源与环境,2012(3):43-47.

[9] 段靖,马燕玲.市民化成本测算方法分析与比较[J].地方财政研究,2017(10):85-91.

[10] 方大春,杨义武.城市公共品供给对城乡人口迁移的影响:基于动态面板模型的实证分析[J].财经科学,2013(8):75-84.

[11] 冯俏彬.构建农民工市民化成本的合理分担机制[J].中国财政,2013(13):63-64.

[12] 傅晨,任辉.农业转移人口市民化背景下农村土地制度创新的机理:一个分析框架[J].经济学家,2014(3):74-83.

[13] 高双,陈立行.关于农民工市民化社会保障成本问题的思考[J].劳动保障世界,2017(8):23-27.

[14] 高拓,王玲杰.构建农民工市民化成本分担机制的思考[J].中州学刊,2013(5):45-48.

[15] 官锡强.中国新型城镇化的农业转移人口市民化:基于马斯洛需求理论视角[J].改革与战略,2013(12):1-6.

[16] 郭小聪,代凯.国内近五年基本公共服务均等化研究:综述与评估[J].中国人民大学学报,2013(1):145-154.

[17] 国务院发展研究中心"促进城乡统筹发展,加快农民工市民化进程研究"课题组.农民工的八大利益诉求[J].发展研究,2011(12):67-74.

[18] 韩增林,李彬,张坤领.中国城乡基本公共服务均等化及其空间格局分析[J].地理研究,2015(11):2035-2048.

[19] 韩正龙,王洪卫.财政支出偏向背景下公共服务供给与住房价值关系研究:基于优化公共产品供给结构视角[J].财经论丛,2015(3):24-31.

[20] 胡成杰.农民工市民化问题研究[J].兰州学刊,2010(8):67-74.

[21] 胡桂兰,邓朝晖,蒋雪清.农民工市民化成本效益分析[J].农业经济问题,2013(5):83-87.

[22] 胡渝清.重庆市农民市民化的成本—收益分析[J].安徽农业科学,2008

(2):55-59.

[23] 纪韶,朱志胜.中国城市群人口流动与区域经济发展平衡性研究:基于全国第六次人口普查长表数据的分析[J].经济理论与经济管理,2014(2):5-16.

[24] 姜晓萍,吴菁.国内外基本公共服务均等化研究述评[J].上海行政学院学报,2012(5):4-16.

[25] 姜作培.从战略高度认识农民市民化[J].现代经济探讨,2002(12):34-40.

[26] 蒋仕龙,许峻桦.新生代农民工融入城镇成本研究[J].时代金融旬刊,2014(12):102-104.

[27] 康涌泉.农业转移人口市民化的成本及收益解析[J].河南师范大学学报(哲学社会科学版),2014(6):116-120.

[28] 李秉龙,李磊.农民进城就业的成本收益与行为特征分析[J].农业经济问题,2004(10):37-43.

[29] 李培林.流动民工的社会网络和社会地位[J].社会学研究,1996(4):42-52.

[30] 李学灵.农民工市民化的社会保障成本:构成与测算——以安徽省为例[J].长沙大学学报,2016(3):57-59.

[31] 李永乐,代安源.农业转移人口市民化成本核算及其分担研究:基于2005—2014年的南京市数据分析[J].华东师范大学学报(哲学社会科学版),2017(6):153-162.

[32] 梁波,王海英.国外移民社会融入研究综述[J].甘肃行政学院学报,2010(2):18-27.

[33] 林存壮,周乐萍.农业转移人口市民化的内涵特征及推进对策[J].中国集体经济,2013(22):3-4.

[34] 刘传江,程建林.双重"户籍墙"对农民工市民化的影响[J].经济学家,2009(10):66-72.

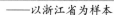
[35] 刘传江,周玲.社会资本与农民工的城市融合[J].人口研究,2004(5):
    12-18.

[36] 刘传江,徐建玲.第二代农民工及其市民化研究[J].中国人口·资源与
    环境,2007(1):6-10.

[37] 刘传江.城乡统筹发展视角下的农民工市民化[J].人口研究,2005(4):
    48-56.

[38] 刘建娥.乡—城移民社会融入的实践策略研究:社区融入的视角[J].社
    会,2010(1):127-151.

[39] 刘丽娟.完善公共财政体制实现基本公共服务均等化[J].广东行政学
    院学报,2012(1):91-94.

[40] 刘妮娜,刘诚.合理、有序推进中国人口城镇化的路径分析[J].经济学
    家,2014(2):21-27.

[41] 刘政永,孙娜.河北省农业转移人口市民化社会成本实证分析[J].企业
    导报,2014(18):72-73.

[42] 陆成林.新型城镇化过程中农民工市民化成本测算[J].财经问题研究,
    2014(7):86-90.

[43] 陆万军,张彬斌.户籍门槛、发展型政府与人口城镇化政策:基于大中城
    市面板数据的经验研究[J].南方经济,2016(2):28-42.

[44] 陆自荣.农民工城市社区融合的因子结构及影响因素分析[J].中共浙
    江省委党校学报,2013(4):92-98.

[45] 罗源昆,王大伟,刘洁,等.大城市的人口只能主要靠行政手段调控
    吗?——基于区域人口承载力研究[J].人口与经济,2013(1):52-60.

[46] 吕晨,孙威.人口集聚区吸纳人口迁入的影响因素:以东莞市为例[J].
    地理科学进展,2014(5):593-604.

[47] 马君,李全文.我国城市公共产品及公共服务地区性差异实证研究[J].
    经济研究参考,2013(57):46-54.

[48] 孟颖颖,邓大松.农民工城市融合中的"收入悖论":以湖北省武汉市为

例[J].中国人口科学,2011(1):74-82.

[49] 潘启龙,刘合光.农业转移人口市民化的影响因素和思路对策[J].安徽农业科学,2013(29):11856-11860.

[50] 彭华民,黄叶青.福利多元主义:福利提供从国家到多元部门的转型[J].南开学报(哲学社会科学版),2006(6):40-48.

[51] 谯薇,云霞,宋金兰.农业转移人口市民化国际经验与我国的政策选择[J].农村经济,2014(12):126-129.

[52] 邱鹏旭.推进农业转移人口市民化的路径思考:以成都市为例[J].成都行政学院学报,2014(5):36-39.

[53] 申兵."十二五"时期农民工市民化成本测算及其分担机制构建:以跨省农民工集中流入地区宁波市为案例[J].城市发展研究,2012(1):86-92.

[54] 石忆邵,王樱晓.基于意愿的上海市农民工市民化成本与收益分析[J].同济大学学报,2015(4):50-58.

[55] 石忆邵,宣璇.基于耕地资源价值流失的视角:城市化机会成本研究[J].现代城市研究,2013(12):77-83.

[56] 石智雷,朱明宝.财政转移支付与农业转移人口市民化研究[J].西安财经学院学报,2015(2):5-10.

[57] 眭海霞,陈俊江.新型城镇化背景下成都市农业转移人口市民化成本分担机制研究[J].农村经济,2015(2):119-123.

[58] 孙德超.推进基本公共服务均等化的直接途径:规范转移支付的结构和办法[J].东北师大学报,2013(4):49-52.

[59] 孙林.农业转移人口市民化社会保险成本及其分担机制研究:以湖南省资兴市为例[J].北京劳动保障职业学院学报,2014(4):12-16.

[60] 汤学兵,张启春.中国政府间转移支付制度的完善:基于区域基本公共服务均等化目标[J].江海学刊,2011(2):97-103.

[61] 汤韵,梁若冰.中国省际居民迁移与地方公共支出:基于引力模型的经验研究[J].财经研究,2009(11):16-25.

[62] 唐斌."双重边缘人":城市农民工自我认同的形成及社会影响[J].中南民族学院学报(人文社会科学版),2002(S1):36-38.

[63] 王春光.中国社会政策调整与农民工城市融入[J].探索与争鸣,2011(5):8-14.

[64] 王佃利,刘保军,楼苏萍,等.新生代农民工的城市融入:框架建构与调研分析[J].中国行政管理,2011(2):111-115.

[65] 王佃利,徐晴晴.包容性发展中的农民工城市融入:问题界定与路径审视[J].东岳论丛,2013(3):11-17.

[66] 王桂新,陈冠春,魏星,等.城市农民工市民化意愿影响因素考察:以上海市为例[J].人口与发展,2015(2):2-11.

[67] 王桂新,潘泽瀚,陆燕秋.中国省际人口迁移区域模式变化及其影响因素:基于2000和2010年人口普查资料的分析[J].中国人口科学,2012(5):2-13.

[68] 王桂新,沈建法,刘建波.中国城市农民工市民化研究:以上海为例[J].人口与发展,2008(1):3-23.

[69] 王合翠.安徽省农民工市民化的私人成本研究[J].衡水学院学报,2015(4):72-75.

[70] 王家峰.福利国家改革:福利多元主义及其反思[J].经济社会体制比较,2009(5):85-90.

[71] 王珏,陈雯,袁丰.基于社会网络分析的长三角地区人口迁移及演化[J].地理研究,2014(2):385-400.

[72] 王斯贝,刘彦麟,杨文杰.河北省农民工市民化成本分摊测算研究报告[J].经营管理者,2016(16):61-62.

[73] 王习贤,贺治方.制度设计与文化融合:农业转移人口市民化研究的两个视角[J].城市学刊,2015(1):100-104.

[74] 王湘红,孙文凯,任继球.相对收入对外出务工的影响:来自中国农村的证据[J].世界经济,2012(5):121-141.

[75] 王永龙.农业转移人口市民化的理论依据和路径探索[J].湖南工程学院学报,2015(4):16-22.

[76] 王志燕,魏云海,董文超.山东省农业转移人口市民化成本测算及分担机制构建[J].经济与管理评论,2015(2):125-131.

[77] 王竹林,范维.人力资本视角下农民工市民化能力形成机理及提升路径[J].西北农林科技大学学报(社会科学版),2015(2):51-55.

[78] 魏澄荣,陈宇海.福建省农民工市民化成本及其分担机制[J].中共福建省委党校学报,2013(11):113-118.

[79] 魏澄荣,陈宇海.福建省农民工市民化成本及其分担机制[J].中共福建省委党校学报,2013(11):113-118.

[80] 魏义方,顾严.农业转移人口市民化:为何地方政府不积极——基于农民工落户城镇的成本收益分析[J].宏观经济研究,2017(8):109-120.

[81] 《我国农民工工作"十二五"发展规划纲要研究》课题组,韩俊,汪志洪,等.中国农民工问题总体趋势:观测"十二五"[J].改革,2010(8):7-31.

[82] 吴波.基于户籍新政解构下农业转移人口市民化推进路径的重构[J].华东经济管理,2015(3):97-103.

[83] 吴红宇,谢国强.新生代农民工的特征、利益诉求及角色变迁:基于东莞塘厦镇的调查分析[J].南方人口,2006(2):21-31.

[84] 夏怡然,陆铭.城市间的"孟母三迁":公共服务影响劳动力流向的经验研究[J].管理世界,2015(10):78-90.

[85] 夏怡然.低工资水平下城市农民工的劳动供给模型[J].中国人口科学,2010(3):57-66.

[86] 夏怡然.农民工定居地选择意愿及其影响因素分析:基于温州的调查[J].中国农村经济,2010(3):35-44.

[87] 谢建社,张华初.农民工市民化公共服务成本测算及其分担机制:基于广东省G市的经验分析[J].湖南农业大学学报(社会科学版),2015(8):66-74.

[88] 邢克鑫.促进新生代农民工市民化的若干思考[J].河南科技学院学报，2010(5):30-32.

[89] 徐红芬.城镇化建设中农民工市民化成本测算及金融支持研究[J].金融理论与实践,2013(11):69-72.

[90] 徐建玲,刘传江.中间选民理论在农民工市民化政策制定中的运用:基于武汉市436位农民工的实证研究[J].管理世界,2007(4):40-45.

[91] 徐建荣.新型城镇化下江苏农民工市民化成本探析[J].现代经济探讨,2015(2):73-77.

[92] 徐美银.农业转移人口市民化进程中农村土地制度创新[J].华南农业大学学报(社会科学版),2015(4):48-60.

[93] 徐文婷,张广胜.人力资本对农民工工资性收入决定的影响:代际差异的视角[J].农业经济,2011(8):60-61.

[94] 许光.欧洲"第三条道路"的福利国家改革对我国社保制度建设的启示[J].经济纵横,2007(1):32-36.

[95] 许光.习近平民生思想的价值意蕴与理论创新[J].当代世界与社会主义,2017(5):42-48.

[96] 许光.新生代农民工城市融入的成本测度及分担机制构建:基于私人成本支出的视角[J].中共浙江省委党校学报,2014(1):66-72.

[97] 许光.新型城镇化背景下浙江省人口调控的模式转换与经验研究[J].中共浙江省委党校学报,2015(3):63-69.

[98] 闫志民.新中国成立六十年来的马克思主义理论创新[J].理论前沿,2009(10):5-9.

[99] 闫志民.准确把握和科学对待马克思恩格斯的社会主义思想[J].科学社会主义,2011(2):31-34.

[100] 严善平.中国省际人口流动的机制研究[J].中国人口科学,2007(1):71-77.

[101] 杨传开,宁越敏.中国省际人口迁移格局演变及其对城镇化发展的影

响[J].地理研究,2015(8):1492-1506.

[102] 杨建华.浙江农民工群体生活状况调查[J].观察与思考,2010(4):32-33.

[103] 杨建华.改革开放三十年浙江民生建设经验与启示[J].中共浙江省委党校学报,2008(6):99-105.

[104] 杨瑾.和谐社会建构中的农民工社会融入问题与幸福指数研究[J].福建省社会主义学院学报,2008(4):107-109.

[105] 杨钧.基于交易成本视角下农民工就业问题及对策研究[J].河南机电高等专科学校学报,2013(3):27-30.

[106] 杨鹏,张广胜.农民工性别工资差异的实证分析:基于改进的 Brown 分解方法[J].广东财经大学学报,2012(4):74-83.

[107] 杨琦,李玲玲.新生代农民工的劳动供给与经济增长方式的转变[J].中国人口科学,2011(1):45-53.

[108] 杨伟民.农民工市民化成本要由政府和市场共同分担[J].农村工作通讯,2011(4):79.

[109] 杨文杰,秦加加.流动人口社会融合测量指标体系完善研究[J].河北大学学报(哲学社会科学版),2016(3):133-140.

[110] 杨肖丽,张广胜,杨欣.农民工城市间流动的影响因素及流动后果研究:对沈阳市农民工的实证调查[J].沈阳农业大学学报(社会科学版),2010(4):392-396.

[111] 易蓉,张胜荣.农民工职业技能形成的成本收益分析[J].当代经济,2011(3):120-123.

[112] 尹鹏,李诚固,陈才.新型城镇化情境下人口城镇化与基本公共服务关系研究:以吉林省为例[J].经济地理,2015(1):61-67.

[113] 于金财,唐健.实现失业保险省级统筹应解决哪些问题?[J].劳动保障世界,2015(19):10-11.

[114] 于涛方.中国城市人口流动增长的空间类型及影响因素[J].中国人口

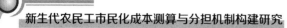

科学,2012(4):47-58.

[115] 余传杰.农业转移人口市民化:机制完善及制度创新[J].中州学刊,
2014(3):41-46.

[116] 张国胜,陈瑛.社会成本、分摊机制与我国农民工市民化:基于政治经
济学的分析框架[J].经济学家,2013(1):77-84.

[117] 张国胜,杨先明.中国农民工市民化的社会成本研究[J].经济界,2008
(5):61-68.

[118] 张国胜,谭鑫.二代农民工市民化的社会成本、总体思路与政策组合
[J].改革,2008(9):98-104.

[119] 张国胜.基于社会成本考虑的农民工市民化:一个转轨中发展大国的
视角与政策选择[J].中国软科学,2009(4):64-72.

[120] 张继良,马洪福.江苏外来农民工市民化成本测算及分摊[J].中国农
村观察,2015(2):44-56.

[121] 张建清,王艳慧.长江中游城市群基本公共服务均等化现状评价与对
策研究[J].当代经济管理,2016(1):69-74.

[122] 张江龙,章晓.农民工城市融合理论述评[J].长春理工大学学报(社会
科学版),2008(4):5-9.

[123] 张利华,陈钢,徐晓新,等.城市人口承载力的理论与实证研究:以北京
市海淀区为例[J].管理评论,2008(5):28-32.

[124] 张璐.新生代农民工城市融入的困境与解决路径[J].新经济,2016
(23):123-124.

[125] 张铭.成都市有序推进农业转移人口市民化研究[J].改革与开放,
2013(12):30.

[126] 张善柱,程同顺.农民工市民化成本测算的误区及矫正[J].中共天津
市委党校学报,2016(5):79-83,91.

[127] 张玮.新生代农民工市民化意愿及影响因素分析[J].农村经济与科
技,2015(12):216-218.

[128] 张延平,熊巍俊.城市农民工市民化适度规模研究[J].全国流通经济, 2005(11):10-12.

[129] 张燕,张喜玲.城市人口承载力的研究进展与理论前沿[J].国际城市 规划,2013(1):41-47.

[130] 张耀军,岑俏.中国人口空间流动格局与省际流动影响因素研究[J]. 人口研究,2014(5):54-71.

[131] 张仲芳,舒成.农业转移人口市民化的公共成本测算及分担机制:以江 西为例[J].江西社会科学,2015(9):54-60.

[132] 章元,陆铭.社会网络是否有助于提高农民工的工资水平?[J].管理 世界,2009(3):45-54.

[133] 赵新浩,李剑力.农业转移人口市民化的促进路径与对策:以河南省为 例[J].学习论坛,2014(6):38-41.

[134] 郑风田.新生代农民工群体的十大关键性问题判断[J].工会博览, 2010(7):16-18.

[135] 《中国农民工战略问题研究》课题组,韩俊,汪志洪.中国农民工现状及 其发展趋势总报告[J].改革,2009(2):5-27.

[136] 中国社会科学院"社会形势分析与预测"课题组,李培林,陈光金,等. 2010—2011年社会形势分析与预测[J].中国经贸导刊,2011(2): 101-112.

[137] 周密,张广胜,黄利.新生代农民工市民化程度的测度[J].农业技术经 济,2012(1):90-98.

[138] 周密,张广胜.村级迁移率与村内农户间收入差距[J].世界经济文汇, 2010(4):78-88.

[139] 周密,张广胜,黄利.新生代农民工市民化程度的测度[J].农业技术经 济,2012(1):90-98.

[140] 周宁宁,沈颖溢.浙江城市外来人口市民化趋势调查与政策建议:以台 州市为例[J].科技资讯,2008(22):184.

[141] 周向东.促进农民专业合作组织发展的政策研究:以重庆市为例[J].
重庆科技学院学报,2011(11):72-78.

[142] 朱力.论农民工阶层的城市适应[J].江海学刊,2002(6):82-88.

[143] 朱力.农民工阶层的特征与社会地位[J].南京大学学报(哲学·人文
科学·社会科学),2003(6):41-50.

[144] 朱晓霞.农民工城市融合的制度创新研究[J].思想战线,2009(5):
129-130.

[145] 朱宇.新生代农民工:特征、问题与对策[J].人口研究,2010(2):
31-56.

[146] 邹文涛,樊孝凤,刘玲.农民工外出务工意愿与迁移机会成本的再讨
论:基于农民工供给与"收入差"的弹性分析[J].知识经济,2013(24):
21-22.

## 七、中文其他文献资料

[1] 李洪亮.农业转移人口市民化问题研究[D].哈尔滨:东北农业大学,2014.

[2] 汪汇.户籍、社会分割与信任:来自上海的实证研究[D].上海:复旦大
学,2009.

[3] 王合翠.安徽省农民工市民化公共成本研究[D].合肥:安徽大学,2015.

[4] 杨思远.中国农民工的政治经济学考察[D].北京:中央民族大学,2005.

[5] 杨肖丽.城市化进程中农民工城市迁入与永久迁移研究[D].沈阳:沈阳
农业大学,2009.

[6] 姚明明.新型城镇化进程中我国农业转移人口市民化成本分担机制研究
[D].沈阳:辽宁大学,2015.

[7] 赵烨.新型城镇化背景下我国农业转移人口市民化问题研究[D].福州:
福建师范大学,2015.

[8] 周向东.重庆市农民工市民化转型成本测算及分担机制研究[D].重庆:

重庆工商大学,2012.

[9] 朱永安.新生代农民工研究[D].南京:南京师范大学,2005.

[10] 王炜,刘志强.农民工"市民化",成本有多高[N].人民日报,2011-03-31.

[11] 金中夏,熊鹭.农业转移人口市民化道路怎么走:河北白沟的启示[N].
经济日报,2013-01-31(16).

[12] 金三林.以省内就近转移为重点有序推进农业转移人口市民化[N].中
国经济时报,2013-10-14(5).

[13] 汪建华.在制度化与激进化之间:中国新生代农民工的组织化趋势
[EB/OL].(2015-09-08)[2018-05-10].http://www.chinareform.org.
cn/Economy/Agriculture/Report/201509/t20150908_233761.htm.

[14] 国家新型城镇化规划(2014—2020 年)[EB/OL].(2016-05-05)[2018-05-13].
http://ghs.ndrc.gov.cn/zttp/xxczhjs/ghzc/201605/t20160505_800839. html.

[15] 2017 年中国农民工数量、平均年龄统计及新生代农民工占总体农民工
比例[EB/OL].(2017-07-18)[2018-05-13].http://www.chyxx.com/
industry/201707/542098.html.

[16] 张遇哲.走样的积分入户更像是"变相门槛"[EB/OL].(2010-11-14)
[2018-05-13].http://focus.cnhubei.com/original/-201011/t1521927.shtml.

# 附录 A 新生代农民工市民化诉求及生存现状调查问卷

问卷编号：_____

尊敬的先生/女士：

　　您好！本问卷是为了了解您在浙江省的生活和工作情况，进而对我省加快社会融合和促进农业转移人口市民化的政策调整提供决策依据。本问卷采用不记名形式，所有问题的回答都是一种主观判断，没有"对"与"错"之分。我们郑重承诺，本调查的所有数据仅为研究分析之用，对于您的回答和个人意见我们将严格保密。感谢您的热心参与！

"新生代农民工市民化成本测算"课题组

## 填表说明

　　①问卷大部分是单选题（即只有一个答案），多选题会在题目后面注明。

　　②凡符合您情况和想法的项目，请在相应的选项上画"√"。请认真填写每一道题目，不要遗漏。

　　③如有题目未能列出适合您的选项，请在题目后面的空白处填写您的具体情况或想法。

## 一、受访者基本信息

1. 您的性别：

A. 男　　　　　　　B. 女

2. 您的年龄：

A. 25 岁以下　　　　B. 25～35 岁　　　　C. 36～45 岁

D. 46～55 岁　　　　E. 55 岁以上

3. 您的婚姻状况：

A. 已婚　　　　　　B. 未婚　　　　　　C. 其他

4. 您的身份：

A. 学生　　　　　　B. 农民工　　　　　C. 公务员

D. 城市工人　　　　E. 其他

5. 您的学历：

A. 初中以下　　　　B. 初中　　　　　　C. 高中及中专

D. 大专　　　　　　E. 本科及以上

6. 您目前拥有：

A. 城市户籍　　　　B. 农村户籍　　　　C. 临时居住证

7. 您的就业行业类型是：

A. 农业　　　　　　B. 工业、建筑业　　C. 服务业

D. 其他

8. 您的月收入大概是：

A. 1000 元以下　　　B. 1000～3000 元

C. 3001～5000 元　　D. 5000 元以上

## 二、就业与经济收入状况

1. 您进城打工的目的是：(可多选)

A. 家庭生活困难，挣钱养家

B. 到城里见见世面，开开眼界

C. 换个环境，更好地发挥自己的才干

D. 到城里学点本事，回家乡好发展

E. 跟家乡其他人一起出来，没什么目的

F. 其他_____

2. 您所在的单位性质是：

A. 国有企业　　　　　B. 外资企业　　　　　C. 私营企业

D. 个体商户　　　　　E. 其他

3. 您每天的工作时间为：

A. 8 小时以下　　　　　　　　　　B. 8～10 小时

C. 10～12 小时　　　　　　　　　　D. 12 小时以上

4. 您是通过下列哪种方式获得当前工作的？

A. 单位招工应聘　　　　　　　　　B. 父母、亲戚帮助联系

C. 老乡、朋友帮助联系　　　　　　D. 公共就业服务机构

E. 职业中介机构介绍

F. 其他_____

5. 您对目前的工资收入水平是否满意？

A. 非常满意　　　　　B. 比较满意　　　　　C. 一般

D. 不满意　　　　　　E. 非常不满意

6. 除了基本开支以外，您的收入主要用于：（可多选）

A. 电话费、上网费　　B. 日用品开支　　　　C. 寄回老家

D. 房租水电费　　　　E. 参加培训和教育　　F. 交通费用

G. 朋友交往　　　　　H. 存入银行　　　　　I. 医疗费用

J. 其他_____

7. 您是否接受过就业培训？

A. 是　　　　　　　　B. 否

## 三、维权与政治参与状况

1. 您是否签订了劳动合同？（如选"否"，跳至第 3 题）

A. 是　　　　　　　　B. 否

2. 您的劳动合同期限是：

A. 3 年以下　　　　　　B. 3～5 年

C. 5 年以上　　　　　　D. 无固定期限

3. 您是否参加了社会保险？

A. 是　　　　　　　　B. 否

4. 您是否有政治参与的愿望？（比如当选人大代表、拥有投票权等）

A. 是　　　　　　　　B. 否

5. 您遭遇过下列哪种侵权行为？（可多选）

A. 随意加班加点

B. 加班后很少或从来不给报酬

C. 不能提供基本的劳动保护条件

D. 提供的吃住条件太差

E. 拖欠工资或变相克扣工资

F. 业余时间不准外出

G. 因工受伤但用工单位不出钱治疗

H. 单位不准外来员工参加学习培训

I. 聘用时限定婚姻状况

J. 其他_____

6. 如果遇到不公正的待遇，您的处理方式是：（可多选）

A. 去政府相关部门投诉

B. 找机会报复（公开或暗地里）

C. 忍耐

D. 辞职，去别的单位

E.其他_____

## 四、幸福感及社会交往状况

1.您现在的住房属于：

A.租房　　　　　　B.自建房　　　　　　C.商品房

D.工棚　　　　　　E.职工宿舍　　　　　F.其他_____

2.您觉得现在的生活：

A.很幸福　　　　　B.还算幸福　　　　　C.一般

D.不太幸福　　　　E.很不幸福

3.您的朋友圈子基本以什么人为主？

A.老乡　　　　　　B.同事　　　　　　　C.网友

D.当地市民　　　　E.其他_____

4.您是否愿意在城市里新结交一些朋友？

A.愿意　　　　　　B.不愿意　　　　　　C.不好说

5.您在城市结交朋友的目的主要是：

A.打发时间,排遣寂寞

B.寻找志同道合的人一起娱乐

C.寻求对自己有帮助的机会

D.没什么明确目的,随缘吧

6.您在单位与领导和同事的关系如何？

A.非常融洽　　　　B.比较融洽　　　　　C.一般

D.比较差　　　　　E.非常差

## 五、归属感与自我认同状况

1.您是否有过务农经历？

A.是　　　　　　　B.否

2.您认为自己现在的身份是：

A.城市人　　　　　　B.外来人　　　　　　C.说不清

3.对于返回家乡您的态度是：

A.目前不回去,不知道以后会不会回去

B.暂时不回去,以后肯定回去

C.永远都不打算回去

D.不好说,看情况再定

4.赚到一定的钱或学到一定的技术后,您打算：

A.参加培训或上学　　　　　　B.自己创业

C.接家人来城市　　　　　　　D.享受生活

E.回老家谋求发展　　　　　　F.暂时没什么想法

G.其他_____

5.您是否考虑过取得城市居民户口？

A.考虑过,但难度太大没法实现

B.考虑过,正在想办法实现

C.还没考虑过,看情况再说

D.不会考虑

6.您是否感觉自己已经成功地融入城市生活？

A.已经融入　　　　　B.正在融入

C.尚未融入　　　　　D.不清楚

问卷调查到此结束,衷心感谢您的支持与配合！

# 附录 B　新生代农民工参与社区活动的个案访谈提纲

**一、访谈主要目的**

通过社区走访和实地考察,深入了解新生代农民工的居住环境、生活状况、社区管理模式及存在的问题等。通过搜集相关信息,了解新生代农民工聚居区的社区参与现状、存在的问题及社区融入诉求。结合社区管理者和服务人员对新生代农民工的态度、认知及现有的管理服务政策,探究以社区发展为平台促进新生代农民工城市融入的可行路径。

**二、访谈主要内容**

(一)受访者基本信息

1.个人信息:姓名、年龄、籍贯、户籍所在地、民族、文化程度、婚姻状况、职业类型、收入水平、生活满意度,等等。

2.家庭信息:家庭总人口、子女数量、家庭成员文化程度及工作状况,等等。

(二)社区参与状况

1.居住环境:房屋类型、面积、家具、电器、人均面积、对居住环境的满意度,等等。

2.就业状况:打工时间、地点、工作性质、外出动机、外出途径、就业途径、职业稳定性、遇到的困难和问题、对就业的诉求,等等。

3.工作条件:工作环境、工作强度、休息时间、劳动合同签订情况、参加社会保险情况、接受培训情况、对工作的满意度,等等。

4.生活负担:收入水平、有无工资拖欠现象、配偶收入状况、消费支出结构,等等。

5.婚姻状况:有无配偶/恋人、交往/相处情况、双方家庭情况、婚恋满意度,等等。

6.子女状况:有无子女、子女所在地、受教育情况、看护情况、对政府的期待,等等。

7.就医情况:个人及家庭成员的身体状况、生病后的应对方式、所从事职业对身体的影响、医疗保险办理情况、医疗负担、遇到的最主要问题,等等。

8.休闲娱乐:业余时间的多少、时间分配、兴趣爱好、满意度,等等。

9.社会交往:交往对象(类型与数量)、交往频率、交往目的、交往方式、遇到困难时的求助对象、是否感受到被排斥、与家乡的联系、与市民的交往情况、是否与市民有过冲突、遇到的最主要问题,等等。

10.社区参与:社区管理情况、社区服务情况、组织活动安排、社区融洽度、是否参加过社区活动、是否参加过社区管理、是否与居委会有过接触、对社区的总体满意度、遇到的最主要问题、最迫切的希望,等等。

11.自我认同:身份定位、居留意愿、对城市生活的整体满意度、对工作的总体满意度、对未来的打算,最迫切的愿望,等等。

# 附录 C　近年来与农民工有关的政策、法规和规定

## 一、行政法规（2006—2014 年）

| 序号 | 发布机构 | 文件名称 | 发布时间 |
|---|---|---|---|
| 1 | 国务院 | 《国家新型城镇化规划(2014—2020 年)》 | 2014 年 3 月 16 日 |
| 2 | 国务院 | 《关于建立统一的城乡居民基本养老保险制度的意见》 | 2014 年 2 月 12 日 |
| 3 | 国务院办公厅 | 《关于成立国务院农民工工作领导小组的通知》 | 2013 年 7 月 18 日 |
| 4 | 国务院办公厅 | 《关于积极稳妥推进户籍管理制度改革的通知》 | 2012 年 2 月 24 日 |
| 5 | 国务院办公厅 | 《社区服务体系建设规划(2011—2015 年)》 | 2011 年 12 月 20 日 |
| 6 | 国务院办公厅 | 《关于切实做好当前农民工工作的通知》 | 2008 年 12 月 20 日 |
| 7 | 国务院 | 《职工带薪年休假条例》 | 2007 年 12 月 14 日 |
| 8 | 国务院 | 《关于同意建立农民工工作联席会议制度的批复》 | 2006 年 3 月 31 日 |
| 9 | 国务院 | 《关于解决农民工问题的若干意见》 | 2006.01.31 |

## 二、司法解释(2004—2006 年)

| 序号 | 发布机构 | 文件名称 | 发布时间 |
|---|---|---|---|
| 1 | 最高人民法院 | 《关于进一步清理拖欠工程款和农民工工资案件的通知》 | 2006 年 7 月 24 日 |
| 2 | 最高人民法院 | 《关于集中清理拖欠工程款和农民工工资案件的紧急通知》 | 2004 年 12 月 21 日 |

## 三、部门规章(2007—2013 年)

| 序号 | 发布机构 | 文件名称 | 发布时间 |
|---|---|---|---|
| 1 | 住建部 | 《关于做好 2013 年城镇保障性安居工程工作的通知》 | 2013 年 4 月 3 日 |
| 2 | 人社部 | 《工伤认定办法》 | 2010 年 12 月 31 日 |
| 3 | 人社部 | 《非法用工单位伤亡人员一次性赔偿办法》 | 2010 年 12 月 31 日 |
| 4 | 教育部 | 《关于切实做好返乡农民工职业教育和培训等工作的通知》 | 2009 年 2 月 20 日 |
| 5 | 国家安监局 | 《关于进一步加强农民工安全生产工作的指导意见》 | 2009 年 2 月 11 日 |
| 6 | 人口计生委 | 《关于贯彻落实国务院办公厅切实做好当前农民工工作的实施意见》 | 2008 年 12 月 30 日 |
| 7 | 人社部 | 《关于全国优秀农民工在就业地落户的通知》 | 2008 年 11 月 5 日 |
| 8 | 住建部 | 《关于开展建筑业"千万农民工同上一堂课"安全培训活动的通知》 | 2008 年 9 月 28 日 |
| 9 | 人社部 | 《关于农民工"平安计划"实施情况和下一步工作安排的通知》 | 2008 年 7 月 21 日 |

续表

| 序号 | 发布机构 | 文件名称 | 发布时间 |
|---|---|---|---|
| 10 | 人社部 | 《关于进一步做好抗震救灾期间农民工工作的通知》 | 2008 年 5 月 20 日 |
| 11 | 人社部办公厅 | 《关于开展春暖行动提高农民工劳动合同签订率的通知》 | 2008 年 4 月 16 日 |
| 12 | 人社部办公厅 | 《关于印发人力资源和社会保障部 2008 年农民工工作要点的通知》 | 2008 年 3 月 28 日 |
| 13 | 水利部 | 《关于印发水利系统防止拖欠工程款和农民工工资的若干意见》 | 2008 年 3 月 14 日 |
| 14 | 建设部等 | 《关于印发〈关于改善农民工居住条件的指导意见〉的通知》 | 2007 年 12 月 5 日 |
| 15 | 劳社部 | 《关于开展农民工工资支付情况专项检查活动的通知》 | 2007 年 10 月 11 日 |
| 16 | 劳社部 | 《关于开展城镇居民和农民工劳动保障基本情况调查的通知》 | 2007 年 8 月 31 日 |
| 17 | 劳社部 | 《关于印发国务院农民工工作联席会议 2007 年工作要点的通知》 | 2007 年 4 月 3 日 |
| 18 | 建设部等 | 《关于在建筑工地创建农民工业余学校的通知》 | 2007 年 3 月 20 日 |
| 19 | 建设部等 | 《关于切实做好春节期间交通建设项目农民工工资支付工作的通知》 | 2007 年 2 月 7 日 |
| 20 | 人口计生委 | 《流动人口(农民工)计划生育工作协调小组 2007 年工作要点》 | 2007 年 1 月 31 日 |
| 21 | 人口计生委 | 《关于印发〈流动人口、农民工计划生育便民维权措施〉的通知》 | 2007 年 1 月 4 日 |

## 四、团体规定、行业规定及其他(2006—2009 年)

| 序号 | 发布机构 | 文件名称 | 发布时间 |
|------|----------|----------|----------|
| 1 | 全国总工会 | 《关于切实做好农民工会员会籍管理的紧急通知》 | 2009 年 2 月 9 日 |
| 2 | 全国总工会 | 《关于进一步做好农民工返乡工作的紧急通知》 | 2009 年 1 月 16 日 |
| 3 | 全国总工会 | 《关于深入扎实做好当前维护农民工合法权益工作的通知》 | 2009 年 1 月 9 日 |
| 4 | 全国总工会 | 《关于积极协助政府解决因雨雪冰冻灾害无法返乡过年农民工生产生活问题的紧急通知》 | 2008 年 1 月 31 日 |
| 5 | 全国总工会 | 《关于深入开展"向农民工送文化行动"的通知》 | 2006 年 6 月 8 日 |
| 6 | 个体劳动者协会 | 《关于贯彻落实〈国务院关于解决农民工问题的若干意见〉的通知》 | 2006 年 6 月 2 日 |
| 7 | 全国总工会等 | 《关于开展"关爱农民工生命安全与健康特别行动"的通知》 | 2006 年 4 月 29 日 |
| 8 | 个体劳动者协会 | 《关于做好农民工预防艾滋病宣传教育工作的通知》 | 2006 年 4 月 5 日 |

# 后 记

时光荏苒,岁月如梭。转眼间已是第三次提笔修改此书后记。第一次是 2018 年 5 月,当时在中国社会科学院三年的读博生涯即将结束,回首过往,感慨良多。2015 年开始攻读第二个博士学位时,也曾犹豫再三,对自己是否能够高质量地完成毕业论文,内心是忐忑的。毕竟,十年前攻读第一个博士学位时还是一个青春无畏的懵懂青年,拥有充裕的时间和饱满的热情从事论文写作,如今既要承担高强度的科研教学工作,又要兼顾个人生活的烦琐事务,很多时候颇感分身乏术。第二次提笔是 2018 年 10 月,当时此书打算出版,在向浙江大学出版社交付电子稿的时候,重新修改了后记。如今,是第三次对后记进行修订,回首一路走来的时光,有太多的人曾对我施以善意和帮助,不得不提。

读博三年,师从北京大学闫志民教授,是我此生的荣幸。闫老师是我真心敬佩和热爱的人,他是一位知识渊博、待人宽厚的学术大家,既在学业上对我谆谆教诲,也在生活中对我关怀备至。或许是性格相投,从 2015 年入学答辩时第一次与闫老师对话,到读博期间每次到闫老师家中请教问题,我从未感到拘束。我把闫老师当作自己的亲人和长辈,并在相处中获得了丰厚的学术滋养和人性熏陶。还记得第一次到闫老师家中交流,闫老师耐心细致地向我介绍了科学社会主义专业需要阅读的经典著作,其知识之渊博、思维之开阔、逻辑之清晰让我由衷敬佩。此后，每次汇报学习和工作情况，闫老师都会语重心长地告诉我要教学相长、劳逸结合。在许多次行色匆匆往返北京的间隙，闫老师都会耐心细致地告诉我交通路线，甚至会亲自把我送到附近的公交车站。直至今日，每当回想起与闫老师相处的点点滴滴，我的心中都充满了感激与温暖。如今毕业已有两年，我仍不定期拜访看望闫老师和师母，每次都深深感受到长辈给予的关怀，我们之间的情谊也越发的深厚和真切。

我还要特别感谢我的母亲。我是母亲一个人含辛茹苦抚养长大的，对她而言，我是唯一的希望与寄托。回首过往，母亲的慈爱和包容是我前进的最大动力，每当在学业和工作中感到辛苦、彷徨、犹疑的时候，母亲始终一如既往地默默支持我，无条件地为我付出。因此，在此书出版之际，我要衷心地感谢我的母亲。

回首在中国社科院三年的求学生涯，有太多的人关心过我、帮助过我。每次到北京，师母都会拉着我的手嘘寒问暖；同门师兄郭强教授也在科研、学术和个人成长上给予了热心的帮助；每次学业中遇到困难，都有"双博士"班的同学们一起出谋划策；每次有毕业手续需要与社科院沟通，都有在校的其他专业同学积极提供帮助。在这里，我还要特别感谢我的单位——中共浙江省委党校，感谢各位校领导对我们"双博士"班的关心和鼓励，也衷心感谢部门领导和同事们给予的无私帮助，这都是促成我顺利完成"双博士"毕业论文且将此书稿出版的有利助益。

"醉别西楼醒不记。春梦秋云，聚散真容易。"在中国社会科学院求学的三年时光已经画上句点，但情在心在，天涯海角也近如咫尺。攻读第二个博士学位期间，也曾心生迷茫。如今回首，却不留遗憾。这段时光教会我勤勉刻苦、宽厚待人，教会我心怀感恩、志在远方！

本书是本人承担的浙江省哲学社会科学规划重点课题"浙江省新生代

农民工市民化成本测算及分担机制构建研究"（项目编号：18NDJC036Z）的研究成果。

最后，感恩大家的一路同行！祝愿我们都能够快乐、幸福、安好！

许　光

2018 年 11 月 16 日

于中共浙江省委党校仓前校区